COMPRENDRE

revista catalana de filosofia

Comprendre. Revista catalana de filosofia. Coeditada per Herder Editorial i Facultat de Filosofia de la Universitat Ramon Llull. Els originals per sotmetre a consideració del Consell de redacció cal enviar-los a:

Comprendre. Revista catalana de filosofia
Campus La Salle Barcelona
Facultat de Filosofia
Universitat Ramon Llull
C/ Sant Joan de La Salle, 42 - 08022 Barcelona
Tel. (00) - 34 - 932902044
comprendre@salle.url.edu
https://salle.url.edu

Per a comandes
Herder Editorial
Tel. 934762640 - Fax 932073448
pedidos@herdereditorial.com
http://www.herdereditorial.com

Preu exemplar: 13,50 € (IVA inclòs)
Periodicitat semestral

COMPRENDRE està indexada a ERIH Plus, IBZ (Internationale Bibliographie der geistes-und sozialwissenschaftlichen Zeitschiftenliteratur), IBR (Internationale Bibliographie der geistes-und sozialwissenschaftlichen Literatur), ISOC (C.S.I.C.), Latindex (UNAM, Mèxic), Philosopher's Index, Répertoire bibliographique de la philosophie. COMPRENDRE ha estat seleccionada per Elsevier a fi de ser indexada a SCOPUS des de desembre de 2015

Maquetació: Fotoletra, SA

Coberta: Michel Tofahrn
Impressió: Fotoletra, SA
Dipòsit legal: B-31.512-2012
ISSN: 1139-9759
ISSN electrònic: 2385-5002

COMPRENDRE
revista catalana de filosofia
Vol. 26/1 Any 2024

Diego I. ROSALES

El dinamismo de la existencia humana

Parece que la antropología ha pasado de moda en las universidades y los centros de investigación dedicados a la filosofía. Heidegger y la posmodernidad habrían matado el proyecto emprendido hace ya cerca de 100 años por Scheler, Plessner y Gehlen; un proyecto que buscaba dar forma a una nueva disciplina científica en torno a la naturaleza humana, que quería acoger y al mismo tiempo superar los logros y las reducciones de las ciencias positivas y que deseaba evitar algunas fugas teológicas ya inadmisibles para el nuevo escenario intelectual.

Desde otra perspectiva, y paradójicamente, es posible decir que la antropología filosófica ha triunfado plenamente y que está hoy más pujante que nunca. Los temas del oficialismo filosófico, de la moda de turno, no son hoy sino antropológicos: los estudios de género, la filosofía política y las teorías de la identidad, los estudios culturales, la historia del arte, la filosofía de la mente, el transhumanismo y muchas formas variadas de interdisciplina podrían servir de ejemplo. Lo que está en juego en las disciplinas mencionadas es, precisamente, la naturaleza humana, o la existencia humana y su libertad ante sí misma, ante el mundo y ante el tiempo futuro. Todos esos estudios se llevan a cabo, hay que decirlo, motivados por la inquietud de lo que supone o lo que implica la libertad jugándose su destino y apropiándose de la vida que le ha sido dada. Pero si en el proyecto de la fundación de la antropología filosófica como disciplina latía la intención de elaborar trabajos sistemáticos que ofrecieran una teoría total sobre el ser humano, lo que encontramos hoy son tratamientos fragmentarios de algunas de sus parcelas.

Con todo, pensar la existencia humana sigue siendo un deber, y aunque Dios y el mundo sean poco tematizados desde esta perspectiva, siguen constituyendo para la libertad tanto los horizontes de lo posible como los ámbitos de lo inesperado. Lo que se ha ganado, quizá, en estos vaivenes de la antropología y en la situación social, política y cultural de los tiempos que corren, es que los esencialismos y las filosofías del sistema han fracasado, lo que equivale a decir que las antropologías *a priori* que consideren al ser humano sin tomar en cuenta su apertura, su temporalidad, su radical pasividad y su vulnerabilidad constitutivas, se han verificado insuficientes. Aunque, por otro lado, ¿qué antropología podría ser suficiente? El ser humano es un dinamismo, de modo que el pensamiento ha de considerarse siempre inacabado respecto de la obra de la libertad que se conoce y se realiza a sí misma solamente viviendo, y que solamente viviendo conoce y realiza el bien y la verdad.

En este número de *Comprendre* se exploran algunos de esos ámbitos de la libertad con el afán de hacer avanzar la antropología, siempre bajo el signo de la tensión que supone el vínculo entre la conciencia de parcialidad y el deber de verdad. Dos artículos dialogan desde el pensamiento tardoantiguo con el pensamiento contemporáneo. En primer lugar, Ilaria Vigorelli recupera la noción de «crecimiento» en Gregorio de Nisa para responder a las inquietudes de la posmodernidad; por mi parte, he intentado hacer una lectura fenomenológica del exceso del alma respecto de sí misma en el pensamiento de Agustín de Hipona a partir de un pasaje de las *Confesiones.* Ya en sede plenamente contemporánea, Juan Manuel Escamilla ofrece una lectura girardiana del pasaje de Nietzsche en *La gaya ciencia* sobre la muerte —o, más precisamente, el asesinato— de Dios; Ángel Viñas explora el problema del mal en el pensamiento de Shestov, un filósofo extravagante y poco estudiado en el ámbito hispanoamericano, pero de una agudeza y relevancia incontestables; Marcela Venebra estudia, en clave fenomenológica y marxista, la realidad humana del trabajo y del cuerpo que en él se esfuerza; y por último, Stefano Santasilia recupera las influencias de Böhme y Eckhart en la configuración de las tesis de Michel Henry sobre la vida y la interioridad.

Diego I. ROSALES
Coordinador del monogràfic "El dinamisme de l'existència humana"
Hápax. Instituto de Ciencias de la Acción (México)

IL DINAMISMO UMANO IN GREGORIO DI NISSA, UNA PROPOSTA PER IL POSTMODERNO

Ilaria VIGORELLI

Pontificia Università della Santa Croce
vigorelli@pusc.it
N.º ORCID: 0000-0003-2882-5218
DOI: 10.60940/comprendrev26n1id427360
Article rebut: 08/02/2023
Article aprovat: 20/09/2023

Abstract

L'ontologia relazionale appare nell'orizzonte dell'ontologia tardo-antica grazie alla riflessione teologica sul Dio uno e trino. Ci pare che in tale ontologia, da cui scaturirono nuove antropologie, si trovi un tesoro da cui attingere oggi per superare la logica culturale del tardo-capitalismo postmoderno. Nell'articolo ci si inoltra nella proposta del dinamismo offerta dall'antropologia di Gregorio di Nissa. Egli ha considerato i mutamenti umani come una dimensione glorificata dall'ingresso di Dio nella storia, e ha aperto una via per conoscere il limite come apertura spirituale. Il padre cappadoce prospetta infatti il dinamismo umano come vocazione (relazione) verso un continuo accrescimento.

Parole chiave: Ontologia relazionale, ontologia trinitaria, antropologia trinitaria, Gregorio di Nissa, Epektasis.

The human dynamism in Gregory of Nyssa, a proposal for postmodernism

Abstract:

Relational ontology appears on the horizon of late antique ontology thanks to theological reflection on the triune God. It seems to us that in that ontology, from which new anthropologies sprang, we find a treasure from which to draw today in order to overcome the cultural logic of late postmodern capitalism. In the article, we move into the proposal of dynamism offered by the anthropology of Gregory of Nyssa. He considered human change as a dimension glorified by God's entry into history and opened a way to know the limit as spiritual openness. Indeed, the Cappadocian father envisages human dynamism as a vocation (relationship) towards a continuous growth.

Key Words: Relational Ontology, Trinitarian Ontology, Trinitarian Anthropology, Gregory of Nyssa, Epektasis.

1. Introduzione: Prometeo e il parassita

Oggi il tema del dinamismo umano è accompagnato da non poche ansie nella riflessione dei *cultural studies* e della filosofia della politica. Porteremo alla nostra considerazione introduttiva solo due voci, una riferita al dinamismo intra-soggettivo e l'altra al dinamismo inter-soggettivo, la prima è del filosofo sud-coreano stabilitosi a Berlino (Han), la seconda della filosofa politica parigina (Delsol). Le icone che assumiamo dai due filosofi sono quelle di *Prometeo* e del *Parassita.*

Byung-Chul Han è divenuto noto in tutto il mondo per il suo fortunato volumetto *La società della stanchezza* che mostra come la dialettica marxiana interiorizzata conduca alla violenza su se stessi. Prometeo sarebbe l'icona del rapporto tra divinizzazione e frustrazione, emblematico di ciò che Han chiama «soggetto di prestazione» (*Leistungssubjekte*):

> Il soggetto di prestazione usa violenza a se stesso, fa guerra a se stesso. Il soggetto di prestazione, che s'immagina libero, in realtà è incatenato come Prometeo. L'aquila – la quale si ciba del suo fegato che ogni volta ricresce – è il suo *alter ego*, con cui egli è in guerra. Così inteso, il rapporto tra Prometeo e l'aquila è una relazione con sé, un auto-sfruttamento. Il dolore al fegato, di suo incapace di dolore, è la stanchezza. Prometeo viene colto così, come soggetto di autosfruttamento, da una stanchezza senza fine. Egli è l'archetipo della società della stanchezza.[1]

Per il professore di Berlino, il soggetto contemporaneo, che pare liberatosi definitivamente dall'opposizione alla trascendenza e dal finalismo del proprio agire,[2] soffre, più o meno consapevolmente, della esacerbante malattia della stanchezza. L'analisi antropologica offerta è semplice quanto arguta e coerente con i dati fenomenici nei quali si ritrova facilmente una buona parte del mondo globalizzato e globalizzante. Han considera che se nella società disciplinare moderna il contrasto del negativo era rappresentato dal divieto («non puoi!») e il verbo modale era quello del «dovere» (*Sollen*), nella società attuale, non più retta da una *Weltanschauung* biblica, bensì da una riduzione antropologica prodotta dagli esiti della modernità e proiettata sul superamento del limite secondo la logica trans-umanista, il verbo modale è quello della sola positività: «you can!», il «poter-fare» (*Können*), all'infinito. Così, dalla pervasività di

* Desidero ringraziare i revisori del presente lavoro per i loro preziosi suggerimenti.

[1] Byung-Chul Han, *La società della stanchezza.* Trad. Federica Bongiorno. Roma: Nottetempo, 2012, p. 5 (dalla Premessa alla sesta edizione tedesca, 2010).

[2] Esiti già descritti da Nietzsche con la nota narrazione delle tre metamorfosi: il cammello, il leone e il fanciullo. Cfr. Friedrich Nietzsche, *Così parlò Zarathustra. Un libro per tutti e per nessuno.* Trad. Mazzino Montinari, vol. 1. Milano: Adelphi, 1985, p. 23.

questo positivo[3] si cade in forme di violenza nuove, la cui novità consiste nella forma di violenza immanente al sistema stesso dell'umano.

Il principio teologico e architettonico della società, corrispondente a tale antropologia, sarebbe quello di un monismo che torna a fondere mondo e soggetto, eliminando l'Alterità fuori di sé. Il «soggetto di prestazione» è perciò costituito da una compulsione ad una libertà che trasforma i legami sociali in prestazioni, divenendo «società di prestazione» (*Leistungsgesellschaft*), la quale si presenta alla coscienza soggettiva e collettiva senza perdono e senza possibilità di riscatto. La conclusione cui giunge Han è che «la società della prestazione genera soggetti depressi e frustrati».[4]

In un saggio di poco successivo a quello che stiamo richiamando, l'autore sud-coreano ha mostrato come il paradossale imperativo della società neoliberale – «Sii libero» – sospinga il soggetto sulla via dell'esaurimento psicofisico. Secondo lui, la critica alla modernità avanzata da Foucault con la sua proposta dell'«etica del Sé» – che si opponeva al potere politico repressivo e allo sfruttamento esterno – rimarrebbe cieca di fronte alla «violenza della libertà sottesa all'autosfruttamento.[5] L'identità del soggetto postmoderno e liquido, che non è più sottomesso ad *Alter*, risulta *de facto* vincolata al dovere di plasmarsi progettualmente verso un'ulteriorità immanente a se stessa; se fallisce è colpevole soltanto verso se stessa e da tale fallimento non c'è redenzione e non può esservi alcun riscatto.

Nell'orizzonte esistenziale post-cristiano manca la relazione con l'Alterità a cui rendere gloria, in quanto Padre e creatore, ma da cui si riceveva anzitutto la vita e il perdono, in quanto Figlio e salvatore, e che elevava l'essere umano dal di dentro, in quanto Spirito santificatore. Il progetto neo-liberale e consumista si configura invece come intrinsecamente colpevolizzante e, osserva acutamente Han, è proprio l'impossibilità del perdono ciò che porta il «soggetto di prestazione» sulla via della depressione in un modo che pare necessario e inconsapevole.

Al mancato riferimento all'ontologia del trascendente corrisponde dunque l'apparentemente assoluta sovranità del soggetto «padre» di se stesso, ossia autarchico. Quello che però si è messo in evidenza è che tale autarchia sembra usurare immancabilmente il soggetto che si pone come solitario principio delle proprie scelte, come se Prometeo fosse ormai inseparabile dall'aquila che lo affligge.

Da tale condizione sofferente, in cui si trova l'arbitrio umano, emerge dunque il

[3] Han spiega che il tramonto dell'alterità (ovvero di qualsiasi forma di opposizione, sia essa dialettica o trascendente) fa perdere all'individuo ogni «reazione immunologica» [A=non(non-A)] e suscita, invece, la pervasività dell'eguale (A=A) che non può più generare poli oppositivi, ma soltanto eccesso di positività. Cfr. Byung-Chul Han, *La società della stanchezza*, *op. cit.*, pp. 19 ss.

[4] *Ibidem*, p. 23. Non sembra che gli effetti della pandemia, nonostante il cosiddetto *great reset*, abbiano invertito la tendenza.

[5] Byung-Chul Han, *Eros in Agonia*. Trad. Federica Bongiorno. Roma: Nottetempo, 2013 (edizione originale in tedesco, 2012), p. 20.

paradosso di un nuovo sentimento profondo di sottomissione e di infelicità, di autosfruttamento e non di armonia, né tantomeno dell'auspicato gioco di Nietzsche.[6]

Da parte francese, nel suo recente saggio,[7] Chantal Delsol sostiene la scomparsa del monoteismo e l'«inversione ontologica» provocata da un nuovo cosmoteismo, che non è frutto della *Weltanschauung* nichilista e atea, che molti si sarebbero attesi, bensì di una *praxis* cosmico-spirituale e politica di tipo parassitario:

> Il regno cristiano è già sostituito, né dal nulla né dalla tempesta, ma da forme storiche ben note, più primitive e più rozze. Dietro il crollo della cristianità non c'è il regno del crimine, il nichilismo, il materialismo estremo, ma piuttosto morali stoiche, il paganesimo, spiritualità di tipo asiatico.[8]

Passata la stagione del monoteismo dominante, il tentativo umano di dare un senso alla vita, all'azione nel mondo e alla propria morte – termine rispetto a cui ogni dinamismo assume il suo valore –, non prenderà le fogge del nichilismo, che è considerato dalla Delsol una «soluzione altamente improbabile e riservata a pochi spiriti forti»; manterrà invece il palinsesto del cristianesimo ma si rivolgerà ai contenuti delle religioni orientali.

L'attrazione per le religioni panteiste e cosmoteiste si sviluppa a partire dal minimo regresso della religione monoteista. Sappiamo che la natura ha orrore del vuoto.[9]

Quali connotazioni avrebbe dunque il dinamismo che la società globalizzata sta forgiando?

La Delsol pare concorde con Han circa l'abolizione delle distinzioni, perché il post-moderno rigetta apparentemente ogni dualità caratteristica del giudeo-cristianesimo e sente l'esigenza di sfuggire alle alterità distintive di vero-falso, Dio-mondo, fede-ragione, maschile-femminile.

Oggi si tende a sostituire ciò che è *duale* con l'attributo di *binario*, ma l'erosione del linguaggio ci indica una nuova direzione della ragione sapienziale che tende a prendere le forme della ragione algoritmica, altamente oppositiva ma legata (d)al codice che la produce, e che oscilla esclusivamente tra 0 e 1, più che alle opposizioni polari che distinguevano, tenendole unite, trascendenza e immanenza.[10] Ma cambiare i termini

---

[6] Cfr. Friedrich Nietzsche, *op. cit.*, p. 23.

[7] Chantal Delsol, *La fine della cristianità e il ritorno del paganesimo*. Trad. Antonio Tombolini. Siena: Cantagalli, 2022 (edizione originale in francese, 2021).

[8] *Ivi*, p. 63.

[9] *Ivi*, p. 67.

[10] Cfr. Romano Guardini, *L'opposizione polare. Saggio per una filosofia del concreto vivente*. Trad. Giulio Colombi. Brescia: Morcelliana, 2022, p. 35. Cfr. Ilaria Vigorelli; Antonio Malo; Giulio Maspero, «Digital Metaphysics». En: Marta Bertolaso; Luca Capone; Carlos Rodríguez-Lluesma (eds.), *Digital Humanism. A Human-Centric Approach to Digital Technologies*. London: Palgrave Macmillan, 2022, pp. 31-48.

dell'opposizione, pur mantenendone apparentemente il palinsesto, renderà più confortevole il vivere?

Qui può servire un istantaneo riferimento al filosofo tedesco Odo Marquard, secondo il quale l'indebolimento dell'offerta monoteista offre al politeismo la possibilità di tornare alla ribalta attraverso il ritorno di «miti plurali». Egli lodava il ritorno del politeismo come emancipazione dalla verità esclusiva e auspicava la libertà infinita concessa alle narrazioni, con la corrispondente fine dell'escatologia della salvezza.[11]

Vorremmo allora proporre un approfondimento dell'opposizione duale che abita l'ontologia propria della Cristianità e introdurre il concetto di *ontologia relazionale*, che distingue mentre unisce, separa ma non divide, e che non sorge dalle opposizioni dialettiche e moderne poste dall'idealismo hegeliano o dalla lotta al capitalismo voluta da Karl Marx, bensì dal IV secolo.

L'ontologia relazionale appare nell'orizzonte dell'ontologia tardo-antica grazie alla riflessione teologica sul Dio uno e trino, testimoniato dalla tradizione dei fedeli a Cristo, in dialogo con le filosofie pagane del Mediterraneo e con il monoteismo giudaico. Ci pare che in tale ontologia, da cui scaturirono nuove antropologie, si trovi un tesoro da cui attingere oggi per superare la logica culturale del tardo-capitalismo.[12]

Vorremmo quindi inoltrarci nella proposta del dinamismo offerta da Gregorio di Nissa, che ha sviluppato una antropologia che prende le mosse dal Dio che è uno perché trino.[13]

Gregorio Nisseno è un autore che ha rivoluzionato il modo di intendere l'umano, intuendo, ben prima della psicanalisi, che le relazioni interiorizzate sono quelle determinanti la moralità e dunque la felicità. Egli ha considerato il dinamismo, e dunque i mutamenti umani, come una dimensione glorificata dall'ingresso di Dio nella storia, indicando l'incarnazione del Verbo come l'evento per il quale il principio eterno fa propria la condizione umana affetta da limite, contingenza, mutevolezza e deperibilità, e rende ciò che è instabile e finito saldo e aperto a ricevere dall'Altro una vita che non ha termine. Il padre cappadoce prospetta infatti il dinamismo umano come vocazione (relazione) verso un continuo accrescimento.[14]

Nella sua antropologia, l'essere umano viene all'esistenza a motivo di una creazione operata da Dio stesso, che ha due caratteristiche fondamentali: è creazione *dal nulla* e

[11] Cfr. Odo Marquard, «Éloge du polythéisme. Monomythie et polymythie». *Archives de Philosophie* [Paris], 3/80, 2017, pp. 505-526.

[12] Prendo il termine dall'opera ormai classica di Fredric Jameson, *Post-modernism, or the cultural logic of late capitalism.* Durham: Duke University Press, 1991. Lì trovavamo un'analisi arguta dell'estetica egemonica massmediale, che stava sostituendo le grandi ideologie, o meta-narrazioni secondo la terminologia inaugurata da Jean-François Lyotard, *La condition postmoderne.* Paris: Les Éditions de Minuit, 1979.

[13] Cfr. Giulio Maspero, *Uno perché trino.* Roma: Cantagalli, 2011.

[14] Gregorio di Nissa, *Fine, professione e perfezione del cristiano.* Trad. intr. e note di Salvatore Lilla. Roma: Città Nuova, 1996, pp. 111-115.

secondo l'immagine di Dio (κατ'εἰκόνα θεοῦ, Gen 1,26). L'opera creativa ha come finalità il dono che Dio fa all'umanità di poter partecipare della sua vita eterna. La novità fondamentale rispetto alle nozioni cosmogoniche greche è che secondo questa impostazione antropologica l'essere umano è voluto da Dio in modo tale da poter entrare *relazionalmente* in comunione con i beni divini, quali la vita infinita ed eterna, la sapienza e l'amore; ciò è possibile perché la vita stessa di Dio è relazionale, ossia trinitaria (cfr. 1Gv 4,7). Creato con l'intimo desiderio di ciò che gli corrisponde, l'essere umano è però anche storico, ossia soggetto al divenire. Secondo questa ontologia il mutamento è caratterizzato da un senso, da una direzione, che non è assoggettata alla ripetizione circolare dell'identico, come invece avveniva secondo la concezione del destino (fato) per i greci.[15]

Gregorio di Nissa mette in evidenza che il primo mutamento umano è dal non essere all'essere, e ciò accade continuamente per la relazione ontologica e libera di Dio con la sua creatura. Il moto umano del desiderio coinvolge tutte le potenze e spinge dall'intimo a cercare l'unione con il Bene, che non è un concetto né un principio etico, ma il Vivente, l'Onnipotente che per primo si è fatto all'incontro lungo la storia della salvezza. Dio è perciò un *Chi* che si può interpellare lungo la storia delle vicende esistenziali, che si può chiamare dalla confusione in cui l'umanità cade dopo la scelta per la quale ha posto se stessa in rapporto alla propria finitezza invece che in rapporto all'infinito donato, cioè verso «ciò che è peggio piuttosto di ciò che è meglio»,[16] nella formulazione di Gregorio.

Per il Nisseno, dunque, grazie alla relazione che Dio mantiene con gli esseri umani, il divenire a cui siamo soggetti e di cui siamo artefici non è soltanto il mutamento temibile della corruttibilità che prima o poi porta alla morte, o la possibilità di scegliere ciò che è materiale e definito al posto del bene infinito, ma è il mutamento reso possibile dalla libertà che è «un'ala adatta al volo verso le cose più grandi».[17] In questo senso per Gregorio la più grande manifestazione della mutevolezza è rappresentata dalla *crescita* nel bene.[18] In tal modo gli esseri umani, sebbene capaci di peccare (Gn 3), non perdono mai il bene più bello e prezioso, vale a dire della «grazia dell'autodeterminazione e della libertà».[19]

Se allora il carattere mutevole del desiderio umano resta sempre e comunque – nella prospettiva di Gregorio – segno del dono della libertà in quanto carattere di somiglianza con il divino,[20] essa si presenta come «tensione verso» (*schésis prós*) che, sebbene

[15] Cfr. Charles Moeller, *Saggezza greca e paradosso cristiano.* Trad. Nella Berther. Brescia: Morcelliana, 1951, pp. 67-72.

[16] ἡ ἀβουλία τὸ χεῖρον ἀντὶ τοῦ κρείττονος προελομένη. *Or Cat*, GNO III/4, 20, *in fine*.

[17] *Perf*, GNO VIII/1, 214.

[18] Su questo tema si veda Andreas Spira, «Le temps d'un homme selon Aristote et Grégoire de Nysse: stabilité et instabilité dans le pensée grecque». *Colloques internationaux du CNRS* [Paris], 604, 1984, pp. 288-289.

[19] τῆς κατὰ τὸ ἀδέσποτον καὶ αὐτεξούσιον χάριτος. *Or Cat*, GNO III/4, 19,20.

[20] Si potrebbe notare che in una prospettiva post-cristiana la libertà è piuttosto percepita – se è vera la descrizione che ci ha offerto Han – come un impulso coercitivo (necessario) verso l'acquisizione di ciò che manca.

possa sempre errare, ci permette anche di riconoscere che siamo rapporto con l'infinito. Questo è il carattere trinitario dell'antropologia di Gregorio: nell'essere divino la distinzione del Padre, del Figlio e dello Spirito Santo è data dalla relazione secondo la quale ciascuno ha come propria la medesima infinità divina; come il Padre e il Figlio essendo rivolti uno verso l'altro, e lo Spirito essendo lo stesso rivolgersi dell'uno verso dell'altro reciprocamente è la gloria dell'essere infinito, nell'uno come nell'altro; così il desiderio si configura in noi come *schésis pròs to agathón*.

La libertà come autodeterminazione e il desiderio come movente attivato dallo scopo, se presentati secondo tale ontologia relazionale, ci mostrano che anche le identità apparentemente liquide e volatili sono segno della grandezza degli esseri umani, in quanto tutti siamo orientati all'infinito. Al contempo, la stessa forma del desiderio è giudice se la tensione umana verso l'infinito e all'illimitato, è orientata all'Altro, al Bene, alla Vita che viene da altrove, all'essere che è rivolto a noi a immagine di come è eternamente rivolto verso il suo Figlio eterno. Questo tratto, che rimane in noi come segno di una provenienza, può ritorcersi contro noi stessi quando perdiamo la nostra destinazione, come ci ha descritto, negli effetti, drammaticamente Byung-Chul Han.

2. Libertà e corpo

Il Libro della Genesi (Gn 1-3) è dunque il punto di partenza della antropologia del Nisseno. Esso porta con sé il riferimento ad alcuni principi fondamentali, variamente esposti nelle sue numerose opere.[21] Qui ci interessa primariamente il mutamento.

Il carattere mutevole del desiderio umano è al contempo segno del dono della libertà, carattere di somiglianza con il divino, ma anche segno dell'instabilità propria di ciò che ha cominciato a essere e pertanto non è eterno in se stesso. Ne consegue che il desiderio di unione con quel Bene che è la causa del proprio essere ha nell'uomo il segno del limite (la fonte della propria vita è in altro), ma rivela anche l'affinità con la realtà infinita e increata che in un atto di libertà e di amore dà la vita, poiché, essendo intrinsecamente Padre, non è arbitrio, bensì fonte (πεγή).

Nel discorso antropologico del Nisseno, il corpo e l'anima sono creati insieme da un unico atto di Dio,[22] per il bene e nella libertà.[23] Essi stanno all'uomo come gli

[21] Seguiremo, per ordine espositivo, quanto proposto in modo già strutturato da Gregorio nell'*Oratio catechetica magna*, ma abbiamo presenti anche le altre opere da cui raccogliamo l'architettura antropologica: *De hominis opificio* (*Op hom*), *De infantibus praemature abreptis* (*Infant*), *De mortuis oratio* (*Mort*), *De anima et resurrectione* (*An et res*), *De perfectione* (*Perf*), *In Canticum canticorum* (*Cant*), *In inscriptiones Psalmorum* (*Inscr*).

[22] Anna Usacheva ha bene illustrato l'attenzione che si deve dare all'effetto olistico introdotto in antropologia dalla dottrina cristiana della creazione, in alternativa alla concezione dualistica di matrice platonica che oppone il corpo all'anima. Cfr. Anna Usacheva; Jörg Ulrich; Siam Bhayro, *The Unity of Body and Soul in Patristic and Byzantine Thought.* Schöningh: Brill, 2020, pp. 1-9.

[23] Cfr. *Op hom* (PG 44, 236B; 282B; 276B)

elementi della realtà, distinti nei loro contrari, stanno nell'universo: l'essere umano, che unisce in sé sensibile e intellegibile, è «microcosmo».[24] Nella logica della creazione di Gn 1,26-28, sensibile e intellegibile sono due opposti retti da una reciproca armonia ad opera della sapienza che governa tutte le cose e che consente l'accordo tra i contrari.[25] Non sono oggetto di scelta (o libertà, o corpo) ma promessa di compimento (unificazione nella differenza).

Ora, può essere opportuno considerare che la raggiunta distinzione tra natura creata e natura increata, tematizzata prima da Atanasio e acquisita poi dai Cappadoci,[26] permette a Gregorio di non indugiare nell'unificare sia il sensibile che l'intellegibile, sia l'individuo che la collettività, nell'unico atto che pone in essere l'umanità. Il riconoscimento della distanza infinita che distingue la natura increata, e puramente intellegibile di Dio, dalla natura creata dell'umano, intellegibile e sensibile insieme, fa sì che non sia più necessario introdurre alcuna frattura interna all'essere umano per diversificare la natura divina da quella umana.[27] Il fondamento della differenza ontologica tra la divinità e l'umanità è ormai posto sulla differenza tra increato-infinito e creato-finito, non più sulla differenza tra sensibile ed intellegibile, o tra corporeo e incorporeo.

Nella concezione proposta dall'argomento di Gregorio, inoltre, la contrapposizione tra sensibile e intellegibile diviene problematica, nella realtà umana, soltanto con il sorgere delle passioni irrazionali, condizione non voluta da Dio ma effetto della caduta dalla condizione di impassibilità, nella quale l'umanità era stata creata, a quella della peribilità. La differenziazione dell'essere umano in maschio e femmina è considerata nel IV secolo come una conseguenza dell'essere divenuto soggetto alla morte e, perciò, anche la generazione di nuovi esseri umani, nella modalità che avviene secondo l'ordine del corporeo come nel mondo animale, e non secondo la modalità angelica, è conseguenza causata dalla sopravvenuta condizione mortale. Essa porta confusione nelle passioni, ma non oscura la bontà del corpo sessuato, che per il Nisseno è dono di Dio.[28]

---

[24] Si veda *Op hom*, XVI, PG 44; *An et res*, PG 46, 28B e *In Ps*, PG 44, 440C.

[25] Cfr. *Or cat*, GNO III/4, 21, 18-20.

[26] See David M. Gwynn, *The Eusebians: The Polemic of Athanasius of Alexandria and the Construction of the Arian Controversy*. Oxford: Oxford University Press, 2007.

[27] See Giulio Maspero, «Deification, Relation (schesis) and Ontology in Gregory of Nyssa». En: John Arblaster; Rob Faesen (eds.), *Theosis / Deification: Christian Doctrines of Divinization East and West*. Bibliotheca Ephemeridum Theologicarum Lovaniensium. Leuven: Peeters, 2018, pp. 19-34.

[28] See *Op hom*, XVI-XVIII, PG 44. Va precisato che in questo testo Gregorio afferma che Dio «avendo intuito con la sua prescienza dove tenderebbe il movimento della libertà umana [...] ha stabilito la differenza tra maschio e femmina» (PG 44, 185A; 189C-D). Propriamente parlando, quindi, la distinzione tra maschio e femmina non è una conseguenza del peccato, ma piuttosto un dono divino, che anticipa la morte come conseguenza del peccato e stabilisce per l'essere umano un modo di moltiplicazione adeguato alla deviazione della sua libertà dovuta al peccare. Questa specifica è rilevante perché mostra la bontà originaria della complementarietà tra uomo e donna, la cui origine è il disegno salvifico di Dio.

Nella grammatica dell'antropologia di Gregorio di Nissa, bisogna dunque distinguere una condizione umana originaria, che è quella che stabilisce la logica interna al discorso antropologico che vogliamo far emergere, da una seconda condizione umana, derivata dal peccato e causativa della morte, che sta all'origine della logica della redenzione e della ascesi mediante le virtù.

Vogliamo qui mostrare come la dinamica narrativa che si trova alla base della dottrina nissena della «doppia creazione» escluda che la corporeità sia necessariamente connessa alla concupiscenza, secondo quanto dava a intendere la tradizione gnostica presente nella tradizione platonica e neo platonica; il corpo infatti è scoperto da Gregorio di Nissa co-originario nell'essere umano quanto l'anima, fin dal primo intento divino, mentre la concupiscenza viene all'uomo quando l'armonia di intellegibile e sensibile diviene opaca, offuscata anziché valorizzata da ciò che è percepito nel corpo. Si fa perciò ambiguo il desiderio e la sua tensione al compimento.

Se il desiderio e il mutamento, che caratterizzano la condizione umana per la sua dimensione storica e corporale, non sono causati nella condizione originaria dalla concupiscenza, bensì dalla connaturalità con il divino, potremmo allora aspettarci che nella condizione finale anche la condizione corporea dell'essere umano sia unita a Dio e abbia la vita eterna, mentre la concupiscenza verso ciò che è sensibile (che Gregorio intende come tutto ciò che è limitato e causa di idolatria) verrà eliminata, essendo Dio infinitamente intellegibile nel suo Logos, ma anche mistero di amore e dono. Le categorie di intellegibile e sensibile si arricchiscono così della dinamica spirituale, propria della volontà.

Se, come leggiamo nell'*Oratio catechetica magna*, l'armonia di sensibile e intellegibile è voluta dalla sapienza divina al momento di creare l'universo, e se, come leggiamo nell'omelia XI dell'*In Canticum canticorum*, l'uomo è la creatura posta come *methorios*, ossia come frontiera che unisce in sé gli opposti;[29] e se dalla condizione di tale unione l'essere umano è orientato originariamente all'unione con il divino, ma a motivo della sua libertà può volgersi verso ciò che è sensibile anziché a ciò che è intellegibile, il dilemma della libertà umana è considerata essenzialmente in funzione della sua possibilità di volgersi verso ciò che è finito e deperibile o verso ciò che è infinito e perennemente capace di donare vita.

Ma c'è anche di più: l'unione di anima e corpo, nella logica dell'armonica opposizione dei contrari, non è in opposizione all'unione voluta dal Creatore tra realtà increata e realtà creata. Infatti, l'unione interna all'essere umano tra sensibile e intellegibile è considerata dal Nisseno così forte e così imperscrutabile da poter fungere da unico

[29] «L'anima è confine (μεθόριος) di due realtà, una intelligibile, incorporea, incorruttibile; l'altra corporale, materiale, irrazionale. Quando si è purificata dalla sua adesione alla vita presente e materiale, si rivolge con la virtù verso il divino, al quale è apparentata» (*Cant* 11, GNO VI, 333, 13-334,2). Cfr. il capitolo IV dedicato interamente a questo, in Jean Daniélou, *L'Être et le Temps chez Grégoire de Nysse*. Leiden: Brill, 1970.

esempio per narrare l'ineffabilità dell'unione di essere divino ed essere umano in Cristo, fin dal primo istante della sua incarnazione.[30] Senza parole valide per esprimerla è infatti l'unione di infinito e finito che accade in Gesù di Nazareth, perché novità assoluta ed inaudita. L'unico esempio che Gregorio si arrischia ad addurre per indicare la singolarità del Cristo è l'unione intra-umana di corpo e anima.

Se, dunque, è solo posteriormente al peccato che appare nel mondo la concupiscenza, cioè il conflitto prodotto nel desiderio e nella volontà dalle passioni per ciò che «è di meno» (essere sensibile e deperibile), e il desiderio di ciò che è «di più» (infinito e datore di vita), l'unità da ricomporre è proprio quella del desiderio, e il male non risiede nelle realtà sensibili *qua talis*, ma nel modo di desiderare quell'unità. Bisogna infine considerare che il godimento del bene e l'unione con la vita divina non esclude il corpo, bensì lo reintegra nella condizione originaria di unificazione con l'anima, ossia con le facoltà intellettuali e libere.

3. Desiderio e morte

Nell'*Oratio catechetica magna*, Gregorio espone un'argomentazione sulla bontà di Dio facendo riferimento a chi giudica Dio malvagio a motivo del fatto che il corpo umano soffre e si ammala e la vita corporea va verso il dissolvimento, il dolore e l'infermità, perciò, non può essere giudicate come un bene.[31] Nuovamente, il criterio veritativo del ragionamento del Nisseno è di origine paolina.

Nella lettera ai Corinti (1Cor 2,14) Paolo distingue tra le disposizioni dell'anima carnali e quelle spirituali (σαρκώδεις καὶ τὰς πνευματικὰς τῶν ψυχῶν καταστάσεις).[32] In tal modo Gregorio comincia a dimostrare che non si può giudicare del bene e del male a partire dalla disposizione attivata da quanto percepiscano i sensi, ma si deve invece imparare a liberare la mente da ciò che è percepito attraverso il corpo, per poter accedere al giudizio dell'uomo spirituale che «giudica di tutto».[33] La distinzione paolina permette a Gregorio di distinguere il corpo dalle disposizioni carnali: il riferimento al corpo sta ad indicare ciò che il corpo percepisce; dunque, dobbiamo intenderlo come il bisogno di trovare un luogo sicuro da cui poter formulare un giudizio sul desiderio che non parta dalla posizione interna ai conflitti della concupiscenza.

Il problema del giudizio fallace non si trova perciò nel corpo, ma in quella disposizione dell'anima che segue il modo di sentire del corpo, dal momento che la sua condizione ormai mortale rende ambivalente il desiderio.

[30] *Or cat*, GNO III/4, 39, 11-22.

[31] *Or cat*, GNO III/4, 27-28.

[32] *Or cat*, GNO III/4, 27, 10-11.

[33] ὁ γὰρ πνευματικός, φησίν, ἀνακρίνει τὰ πάντα. *Or cat*, GNO III/4, 27, 15-16.

Vediamo allora quale nuova opposizione di contrari è introdotta dall'argomento che non condanna il corpo, né le realtà sensibili, bensì la disposizione dell'anima che giudica a partire dalla concupiscenza.[34]

a) La condizione ontologica umana appare come «relazionale», in modo duplice. Per un verso, infatti, l'essere umano è voluto e amato da Dio che lo fa essere; per un altro verso però esso è mutevole, perché tendente alla vita eterna, ma anche fallibile, perché da Dio è costituito in alterità e dunque distinto.

b) Questa duplice relazionalità del desiderio appare ambigua: in quanto libero, il desiderio costituisce l'essere umano a immagine di Dio, ma poiché dalla propria libertà è stata inserita nella creazione la morte, l'effetto dell'essere libero sembra aver inficiato quell'unione promettente e dunque anche la sovranità di cui lo stesso desiderio è immagine.[35] Esser dotati di libertà, infatti, dal punto di vista ontologico significa essere orientati verso l'unione con il bene, alla stessa maniera dell'essere *pros* del Figlio (Gv 1, 1).[36]

c) Poiché tale duplicità è però radicata nella volontà di Dio che crea, non si può comprendere pienamente se non conoscendo l'incarnazione del Figlio eterno del Padre, che entrando nella storia assume la condizione mortale come via per ricondurre al Padre tutto ciò che è finito. Allora, considera Gregorio, il desiderio è ricondotto alla relazione con il bene mediante un corpo mortale: il corpo di Cristo.

Con la morte, afferma Gregorio, «la parte sensibile di noi è dissolta, ma non distrutta» (λύεται δὲ τὸ αἰσθητόν, οὐκ ἀφανίζεται).[37] Le passioni, che si sviluppano come desiderio inesausto dei beni sensibili, prendono corpo nel corpo umano, ma sono giustapposte al suo desiderio di unificazione e risultano innaturali, come un morbo.[38] Passioni e mortalità non caratterizzano ontologicamente la capacità dell'uomo di entrare in relazione con Dio e con il mondo, ma sono condizioni modificate dalla propria libertà, nel dinamismo dello stato temporale tra la nascita e la risurrezione.[39]

---

[34] Cfr. *Mort, Infant, Eccl, An et res, Cant.*

[35] See *Mort*, GNO XI/1, 54, 10. Si veda in merito Dante Gemmiti, «La libertà e i fondamenti metafisici dell'antropologia di Gregorio Nisseno». En: Cecilia Braidotti, Emanuele Dettori, Eugenio Lanzillotta, Οὐ πᾶν ἐφήμερον. *Scritti in memoria di Roberto Pretagostini: offerti da colleghi, dottori e dottorandi di ricerca della Facoltà di Lettere e Filosofia.* Roma: Quasar, 2009, pp. 209-245.

[36] È interessante notare che *Metaphysica* cominciava così: «Tutti gli uomini tendono per natura al sapere (Πάντες ἄνθρωποι τοῦ εἰδέναι ὀρέγονται φύσει)» (*Metaphysica*, 980a, 21), mentre il *De mortuis* comincia così: «Tutti gli uomini hanno una naturale inclinazione al bene (φυσική τις πρὸς τὸ καλὸν ἔγκειται σχέσις)» *Mort*, GNO IX, 29, 9-10.

[37] *Ibidem.* Questa distinzione istituita da Gregorio può essere motivata dalla necessità di distinguere la propria dottrina da quella stoica. See Gerhard Delling, «Stoicheion». *Theological Dictionary of the New Testament* [Grand Rapids, Michigan], 7, 1971, pp. 670-687.

[38] Cfr. *Or cat*, GNO III/4, 33-34.

[39] Cfr. *Cant*, GNO VI, 459, 6.

Il desiderio del bene, invece, la *physiké schesis* (φυσικὴ σχέσις),[40] è originario, coinvolge l'unità di anima e corpo e produce anch'esso mutamento, ma non con un attaccamento transitorio a ciò che è deperibile, bensì con la partecipazione a ciò che è la pienezza della vita umana, e che sarà conservata nello stato escatologico relazionalmente con il divino. Desiderio, relazione e vita si compiono quindi soltanto nel bene.[41]

Sull'unione di corpo e anima si gioca la partita della morte: il significato da dare alla morte è correlato al significato dell'unione e al suo destino.

Nell'*Oratio catechetica magna* Gregorio chiama la morte «farmaco» (τὸ φάρμακον) e «terapia» (θεραπεία) dell'anima divenuta carnale per le disposizioni assunte in opposizione al bene. Possiamo notare che l'unificazione distrutta dalla morte è quella con il male (πρὸς τὸ κακὸν οἰκειότητα):[42] essa coinvolge l'anima e il corpo, che dalla morte vengono separati in modo indescrivibile, ma non sono descrivibili neppure i beni sperati che divengono attingibili oltre la morte.[43] Tale unione di contrari non viene indagata da Gregorio, poiché è considerata una realtà che va oltre la possibilità della nostra comprensione.[44] Ciò che invece Gregorio indaga è il rapporto tra l'unione di anima e corpo, e il loro male, cioè tra il naturale originario desiderio per il bene che attraversa intellegibile e sensibile insieme, e le disposizioni che provocano l'affezione dell'anima e del corpo verso «ciò che è di meno». Gregorio afferma che la morte interviene su questo rapporto innaturale.[45]

Bisogna che non passi inavvertito il riferimento alla familiarità con il male: essa non coinvolge soltanto il corpo o l'anima ma proprio la loro unità. La purificazione data dalla morte permette di ristabilire quell'orientamento originario al bene per il quale l'unione di corpo e anima era nuda,[46] era, cioè, nella condizione di desiderare e di as-

---

[40] *Mort*, GNO IX, 29, 10. Si veda anche *Hex*, GNO IV/1, 39, 11, dove appare la «connaturata e congenita tendenza della nostra natura al cielo» (τὴν ἔμφυτόν τε καὶ συγγενῆ τῆς φύσεως ἡμῶν πρὸς τὸν ἀέρα σχέσιν).

[41] «εἴρηται γὰρ τὴν ἀληθῆ ζωὴν τῆς ψυχῆς ἐν τῇ μετουσίᾳ τοῦ ἀγαθοῦ ἐνεργεῖσθαι» *Infant* GNO III/2, 80, 7-8.

[42] *Or cat* GNO III/4, 32, 19. Lo stesso ricorre in *An et res*, PG 46, 97B

[43] Si veda *Or cat* GNO III/4, 33.

[44] *Or cat* GNO III/4, 39, 11-22. L'apofatismo dovuto all'unione dell'anima e del corpo è indicato da Gregorio anche per ribadire l'apofatismo dovuto al modo dell'unione delle due nature in Cristo.

[45] Cfr. *Mort* GNO IX, 54.

[46] In *Eccl* 1, Gregorio contrappone «le anime puerili che si attaccano vanamente a ciò che non ha consistenza» (αἱ νηπιώδεις ψυχαὶ τοῖς ἀνυποστάτοις ἐμματαιάζουσαι) e che vivono secondo la carne (τὴν ἐν σαρκὶ ζωήν), all'Ecclesiaste, che invece «si è già imbarcato, con l'anima spoglia, nella vita immateriale» (γυμνῇ τῇ ψυχῇ τῆς ἀΰλου ζωῆς ἐπιβατεύων). Nel fare riferimento all'anima spoglia, nuda (γυμνή), mi sembra chiaro che stia facendo riferimento alla unione di corpo e anima già spogliata dalle passioni. Cfr. *Eccl* 1: GNO V, 290, 10-17. Sull'origine classica dell'immagine dell'anima nuda, si veda *Cratilo* 403B, 5 e *Gorgia* 524D, 5, in cui appare spoglia del corpo. Qui Gregorio utilizza la medesima espressione ma potremmo dire che ne fa una metonimia: cita la parte (l'anima) per indicare il tutto (l'uomo creato, anima e corpo insieme). Sulle immagini implicate in questo passo si veda Pierre COURCELLE, «Grégorire de Nysse lecteur de Porphyre». *Revue des Etudes. Grecques* [Paris], 80, 1967, pp. 402-406.

sumere la disposizione per la quale vive, ossia di entrare in relazione con il bene infinito donato da Dio mediante la cooperazione della propria libertà.[47]

C'è una verità del corpo che Gregorio non sembra indagare ulteriormente ma che di fatto pone: il corpo, insieme all'anima, è originariamente destinato alla vita (ζωή), non alla morte. Con la morte, dunque, Gregorio spiega come vengano curate le ferite inferte dal peccato. Mentre per la cura dell'anima interviene il farmaco della filosofia e della virtù, il farmaco della morte corporale è quello che libera l'unità di corpo e anima dalla schiavitù del male, portando a dissolvimento il rivestimento delle passioni e conducendo alla risurrezione il corpo che, grazie alla relazione con Dio dopo la morte assumerà una «conformazione specialmente atta al godimento di quel genere di esistenza, opportunamente disposta alla partecipazione al bene».[48]

Per quanto detto sopra, la morte è considerata da Gregorio come un dono che giunge all'uomo al tempo opportuno: «Questa sarebbe, almeno a mio parere, la morte al tempo favorevole, quella che ci procura la vita vera. Dice, infatti, la Scrittura "Io farò vivere e farò morire" (Dt 32,39), in modo che noi ci convinciamo veramente che è dono di Dio morire quanto al peccato ed essere vivificati nello Spirito».[49]

4. Antropologia trinitaria

Come abbiamo potuto osservare nei passi compiuti fin qui, la considerazione di Gn 1,26-28, e l'assunzione della dottrina della creazione dell'uomo per amore, a immagine e somiglianza del Dio uno e trino, ha posto Gregorio nella condizione di elaborare un'antropologia che intende la relazione non nell'ambito delle categorie, come accidente della natura, ma come principio che costituisce l'umano dal di dentro; il bene è il termine relazionale che vivifica e porta a compimento la natura umana, la quale raggiunge il proprio compimento nella stabilità della relazione con il bene. Abbiamo anche accennato che tale condizione non esclude il corpo, ma implica l'incarnazione del Verbo, la sua azione nel mondo e la sua attività continua mediante il suo Spirito.

A questo punto possiamo evidenziare alcuni aspetti caratterizzanti l'antropologia del Nisseno per arrivare a chiederci se nell'eternità cesserà il desiderio del bene, oppure quali fogge prenderà. Ci resta allora da indagare:

---

[47] In apertura abbiamo portato l'attenzione sul già citato *Mort*, perché tutto il trattato ha per fine di condurre il lettore a conoscere il dinamismo di Dio nel rispetto delle scelte della libertà dell'uomo, e di mostrarne l'inesausta misericordia.

[48] *Mort* GNO IX, 60, 4-6.

[49] *Eccl* VI, GNO V, 381, 13-17. Per una disamina dei riferimenti alla morte nel commento del Nisseno al libro del Qoelet, si veda Lucas Francisco Mateo-Seco, «Consideraciones en torno a la muerte en las *Homilías al Eclesiastés de Gregorio di Nisa*». *Scripta theologica* [Pamplona], 23/3, 1991, pp. 921-937.

a) quali siano le caratteristiche trinitarie di questa antropologia relazionale;

b) come l'opposizione dei contrari antropologici, intellegibile/sensibile, sia arricchita dalla dimensione spirituale;

c) come l'antropologia trinitaria porti in seno il desiderio come apertura all'infinito, coinvolgendo non solo l'anima ma anche il corpo, sia nella condizione originaria prima del peccato, sia in quella finale di risorto, nell'escatologia.

(a) La differente concezione di relazione (*schesis*) che compare nell'opera di Gregorio di Nissa, specialmente per quanto riguarda il ruolo che essa assume nell'antropologia, ha origine nella teologia trinitaria maturata nell'ambito della contesa contro Eunomio di Cizico.[50]

In quel frangente, il Nisseno ha dovuto sviluppare un'ontologia divina che mantenesse l'unità della sostanza divina rimanendo fedele anche alla distinzione della formula battesimale, che dona la salvezza dalla morte «nel nome del Padre, del Figlio e dello Spirito Santo» (Mt 28,19).

La distinzione delle tre ipostasi è fondata da Gregorio sulla relazione, che viene intesa non più soltanto come categoria dell'essere ma anche come immanenza costitutiva della natura divina. La relazione introdotta dal nome del Padre, del Figlio e dello Spirito Santo coincide con il modo in cui la divinità pertiene totalmente e infinitamente a ciascuna delle ipostasi, senza perciò essere divisa né moltiplicata.[51]

(b) In tal modo Dio non è più pensato a partire dall'essenza divina, ovvero dalla nozione di Dio, che non è più riconducibile alla sostanza puramente intellegibile della filosofia classica, ma acquista il carattere dell'amore, cioè dell'essere spirituale: ciò che propriamente distingue le relazioni tra loro è la distinzione mediante il dono di ciò che è comune. Il Padre dona il proprio essere increato ed eterno, il Figlio riceve e ridona il medesimo essere, e tale essere divino, donato, ricevuto e ridonato, è il loro Spirito. Questa dimensione, libera e volontaria – e insieme eterna e immutabile – della distinzione relazionale dell'essere nelle tre ipostasi divine, è ciò che trasforma la concezione dell'intelligibilità di Dio nella sua spiritualità.[52]

L'intellegibile acquista allora il carattere dello spirituale – in quanto libero e personale – e la relazione immanente è il carattere distintivo che costituisce la vita infinita dell'intellegibile personale.

[50] Cfr. Ilaria Vigorelli, «Ontology and Existence: Schesis of the Soul in Gregory of Nyssa's *In Canticum canticorum*». En: Giulio Maspero; Miguel Brugarolas; Ilaria Vigorelli (eds.), *Gregory of Nyssa:* In Canticum Canticorum, *Analytical and Supporting Studies. Proceedings of the 13th International Colloquium on Gregory of Nyssa (Rome, 17-20 September 2014).* Leiden: Brill, 2018, pp. 527-538.

[51] Cfr. Ilaria Vigorelli, *La relazione. Dio e l'uomo.* Roma: Città Nuova, 2020.

[52] Questo passaggio richiederebbe un altro capitolo, qui ci contentiamo di indicare l'importanza della svolta storico-dogmatica nella pneumatologia del passaggio dal III al IV secolo, per la comprensione della seconda processione e della sua azione con il Padre e con il Figlio nell'opera della creazione. Cfr. Giulio Maspero, *Dio trino perché vivo.* Brescia: Morcelliana, 2018, pp. 65-92.

Tale comprensione passa all'antropologia come capacità di intuire la disposizione che configura l'uomo interiormente e che consiste nella relazione interiorizzata che muta in ordine al termine *ad quem* cui si rivolge. La relazione è infatti descritta come:

1. «disposizione di qualcosa/qualcuno verso qualcos'altro/qualcun altro» (περὶ τινι e πρὸς τι);
2. «disposizione interiore» (ἐνδιάθετον);
3. «conformazione» in base alla relazione con il bene scelto.

Se si analizza il valore attribuito da Gregorio alla disposizione dell'anima specificata dalla perifrasi σχέσις πρὸς τὸ ἀγαθόν, ci si imbatte in una costellazione di termini che indicano differenti modi di essere, ma che riflettono una precisa visione antropologica della relazione dell'anima con il bene.

Quelli che si possono qui rammentare sono χαρακτήρ[53] e συγγενές.[54]

Gregorio indica che quando l'anima è purificata dai ragionamenti e ha assunto in se stessa l'impronta della verità – ovvero non è più trascinata dalle passioni indifferenziate verso le cose che stanno fuori di lei – «prende internamente la forma (ἐμμορφουμένη) della disposizione al bene».[55]

Configurata internamente in base al bene, quindi, l'anima non solo non è più assoggettata al potere attrattivo di ciò che è finito e irrazionale, ma può conoscere se stessa come connaturale (συγγενές) con ciò che è divino.

(c) Il verbo ἐμμορφόω e l'aggettivo συγγενές sono due modi di esprimere la conoscenza che l'anima raggiunge di sé e non indicano, evidentemente, un preciso contenuto noematico, bensì una condizione ontologica. L'anima conosce la propria natura come congenere a quella divina nell'assumere la disposizione stabile al bene. La πρὸς τὸ ἀγαθὸν σχέσις sembra così essere considerata da Gregorio come un mezzo per accedere alla conoscenza di Dio. Si tratta di una relazione personale, libera e pertanto volontaria, che si prospetta come promessa di compimento, tanto alle origini come alla fine. Si tratta della relazione spirituale, alla maniera della relazione che si dà come vita intra-divina.

5. Continuo accrescimento

La differenza delle nature (finita e infinita) non è ovviamente ignorata perché, sebbene l'anima si trovi connaturata al bene per la disposizione assunta verso il Bene, è il

[53] Cfr. *Cant* 9 (GNO VI, 277, 7-11).

[54] Cfr. *Cant* 11 (GNO VI, 333, 13-334, 5). Una riflessione a parte meriterebbe il tema della natura speculare (della capacità di rispecchiare) dell'anima, che ci riserviamo di trattare in altra sede. Qui segnaliamo in merito David Bentley Hart, «The mirror of the infinite: Gregory of Nyssa on the vestigia trinitatis». *Modern Theology* [Hoboken, New Jersey], 18/4, 2002, pp. 541-561.

[55] *Cant* 9 (GNO VI, 277, 11).

Bene stesso che le si dà gratuitamente ed essa non ne esaurisce mai il contenuto né mai ne possiede la natura.

La relazione reale e trasformante con il Bene, che ormai sappiamo non essere più solo intellegibile ma amante, le dà nuovamente accesso alle proprietà divine che con il peccato erano andate perdute (purezza, impassibilità, incorruttibilità). Questo processo relazionale è ciò che Gregorio chiama *epektasis* ovvero il continuo accrescimento nella pienezza, processo che non esclude il corpo, né l'esperienza finita di cui l'umano è capace.

> In principio l'anima è stata ciò che alla fine di nuovo apparirà, una volta purificata; il corpo, plasmato dalle mani di Dio, manifesterà come è stato fatto con la resurrezione, al tempo stabilito. Infatti, quale potrai vederlo dopo la resurrezione, proprio così è stato fatto il primo giorno: la resurrezione altro non è che la restaurazione dello stato primitivo.[56]

Se un termine della relazione è la natura creata e l'altro termine è natura increata, come potrà l'infinito entrare in comunione con chi è finito?

Nella prima omelia *In Ecclesiasten*, Gregorio rammenta come l'attività dei sensi e la vita sensibile sia stata data alla condizione umana affinché la conoscenza delle realtà visibili divenisse guida per l'anima alla conoscenza di quelle invisibili (Sap 13,15). Ma mentre la conoscenza delle realtà sensibili è temporanea, chi «mediante queste realtà passeggere giunge a comprendere la natura stabile e perviene all'intelligenza di ciò che è sempre uguale a se stesso, costui ha veduto ciò che veramente è e possiede ciò che ha veduto. Poiché la visione di questo bene ne è il possesso».[57]

Nel binomio oppositivo classico di sensibile e intellegibile, la parte sensibile non è la più nobile ma è la via di accesso alla più nobile.

Nell'antropologia relazionale trinitaria del Nisseno, la parte sensibile è quella che addirittura meglio si presta nella vita creata a trasmettere la dinamica della dimensione personale della relazione, ossia della dimensione spirituale[58]. E questa dinamica è proprio quella del desiderio.

La troviamo lungamente trattata da Gregorio nel dialogo *De anima et resurrectione*, a cui non abbiamo ancora dato uno spazio adeguato. Opera che ricalca il palin-

---

[56] *Eccl* 1: GNO V, 296, 12-18. Non entriamo qui sul dibattito aperto sulla concezione nissena dell'Apokatastasis, rimandiamo ad un breve compendio del dibattito in corso: Ilaria Ramelli, «Christian soteriology and Christian Platonism: Origen, Gregory of Nyssa, and the biblical and philosophical basis of the doctrine of apokatastasis». *Vigiliae Christianae* [Leiden], 61.3, 2007, pp. 313-356. Giulio Maspero, «Ontology, History and Relation (schesis): Gregory of Nyssa's Epektasis». En: Andrew T. J. Kaethler, Sotiris Mitralexis (eds.), *Between Being and Time. From Ontology to Eschatology.* Lanham: Lexington Books/Fortress Academic, 2019, pp. 23-36.

[57] *Eccl* 1: GNO V, 285, 9-12.

[58] Alain Le Boulluec, «Corporéité ou individualité? La condition finale des ressuscités selon Grégoire de Nysse». *Augustinianum* [Roma], 35.1, 1995, pp. 307-326.

sesto di un dialogo platonico, è forse l'opera principale per intendere l'escatologia del Nisseno.

La questione che inaugura la quarta parte del dialogo tra Gregorio e Macrina (sorella e maestra di Gregorio) è proprio se la facoltà desiderativa verrà meno nello stato della fruizione del bene. Se infatti è mediante il desiderio (ἐπιθυμία)[59] che veniamo innalzati verso Dio, ma al contempo la passione (τὸ ἐπιθυμητικὸν)[60] accomuna la natura umana agli esseri irrazionali, quando mediante la virtù verrà meno ogni moto irrazionale (τῆς ἀλόγου πάσης κινήσεως),[61] Gregorio la interroga se verrà meno anche il desiderio dei beni (πρὸς τὴν ὄρεξιν τῶν ἀγαθῶν).[62]

Per rispondere Macrina prova a spiegare la relazione dell'anima con il divino dopo la morte, utilizzando la terminologia filosofica dell'unione con il bene.[63] Il fulcro della risposta è che «la perfetta assimilazione alla divinità consiste realmente in questo: che la nostra anima, in qualche modo, imiti la sostanza trascendente»;[64] o, come dirà poi: che sia «conformata secondo le proprietà della natura divina». È all'interno di questo argomento che il Nisseno introduce una novità per quanto riguarda la concezione della relazione in ambito antropologico.

> L'occupazione nella fruizione dei beni scaccia dalla mente il ricordo, ed essa, conformata come è stata secondo le proprietà della natura divina (τοῖς ἰδιώμασι τῆς θείας φύσεως ἐμμορφωθεῖσα), imita la vita superiore a tal punto che non le è rimasto nulla delle altre se non la disposizione all'amore (τῆς ἀγαπητικῆς διαθέσεως), che naturalmente aderisce a ciò che è bello e buono per natura. L'amore infatti è questo: la disposizione interiore a relazionarsi a ciò che sta a cuore (ἡ πρὸς τὸ καταθύμιον ἐνδιάθετος σχέσις).[65]

I due termini διάθεσις e σχέσις ricorrono lungo tutto il testo del Nisseno con valore sinonimo, e l'espressione ἐνδιάθετος σχέσις, che ricorre una volta anche nel commento al Cantico indica la relazione interiore, spirituale, con l'amato.[66]

La risposta scritturistica alla questione sollevata da Gregorio si trova in 1Cor 13, quando l'apostolo afferma che l'amore non avrà mai fine, e Macrina conduce il fratello

[59] GNO III/3, 65, 14 (tr. it. Ramelli, p. 437).

[60] GNO III/3, 66, 6 (tr. it. Ramelli, p. 437).

[61] GNO III/3, 66, 4 (tr. it. Ramelli, p. 437).

[62] GNO III/3, 66, 7-8 (tr. it. Ramelli, p. 437).

[63] L'andamento dialogico è marcatamente platonico. Si tratta di un esempio magistrale di *chresis* patristica. Sulla *chresis* patristica si veda Angela Maria Mazzanti (a cura di), *Un metodo per il dialogo tra le culture*. Supplementi Adamantius IX. Brescia: Morcelliana, 2019.

[64] GNO III/3, 67, 6-8 (tr. it. Ramelli, p. 439).

[65] GNO III/3, 69, 10-16 (tr. it. Ramelli, p. 443).

[66] Cfr. *Cant* 2 (GNO VI, 61, 3).

a capire come la conformazione dell'anima «secondo le proprietà della natura divina» sia causa del fatto che l'amore non cesserà e che dunque non verrà mai meno il desiderio, seppure l'anima abbia abbracciato la pienezza e la beatitudine.

La spiegazione procede stringendo l'argomentazione sulla beatitudine divina e mostra in primo luogo il rischio di alcune interpretazioni:

> Quando dunque l'anima divenuta semplice e uniforme (ἁπλῆ καὶ μονοειδὴς) e perfettamente simile a Dio (ἀκριβῶς θεοείκελος), abbia trovato il Bene veramente semplice e immateriale (ἁπλοῦν τε καὶ ἄϋλον), quello solo che è veramente degno di essere diletto e amato (ἀγαπητὸν καὶ ἐράσμιον), sia aderisce ad esso, sia vi si mescola, in virtù del moto e dell'azione dell'amore (διὰ τῆς ἀγαπητῆς κινήσεώς τε καὶ ἐνεργείας), conformando se stessa a quello che è continuamente colto e trovato, e divenendo, grazie alla somiglianza con il bene (διὰ τῆς τοῦ ἀγαθοῦ ὁμοιότητος), ciò che è la natura di Quello che viene partecipato (ἡ τοῦ μετεχομένου φύσις ἐστὶν); ora, poiché in quest'ultimo non c'è desiderio, in quanto in esso non esiste nemmeno mancanza e bisogno di alcun bene, ne conseguirebbe che pure l'anima, una volta venuta a trovarsi in una condizione priva di mancanze e di bisogni, scaccia da se stessa anche il moto e la disposizione del desiderio (τὴν ἐπιθυμητικὴν κίνησίν τε καὶ διάθεσιν), che si ha soltanto nel caso in cui non sia presente l'oggetto della brama.[67]

Il Nisseno mediante Macrina raccoglie l'incertezza dell'interlocutore che intenda il desiderio ancora secondo l'accezione dell'ἔρος platonico, e non della libera volontà del Cristo. In Dio, infatti, non può esserci povertà e mancanza, perciò, la novità specifica cristiana è mostrata a partire, sorprendentemente, dalla presenza della *schesis* nella stessa divinità:

> E infatti, la vita della natura trascendente è amore, poiché ciò che è bello e buono è amabile sotto ogni rispetto per quanti lo conoscono: ora, la divinità conosce se stessa, e tale conoscenza diviene immediatamente amore, poiché quello che viene conosciuto è bello e buono per natura, e a ciò che è veramente bello e buono non afferisce l'insolente sazietà (ὁ ὑβριστὴς...κόρος), e poiché sazietà alcuna non interrompe la disposizione ad amare ciò che è bello e buono (κόρου δὲ τὴν ἀγαπητικὴν πρὸς τὸ καλὸν σχέσιν οὐ διακόπτοντος), la vita divina si attuerà sempre attraverso l'amore: essa è sia bella e buona per natura, sia disposta per natura ad amare il bello e il buono (καὶ ἀγαπητικῶς πρὸς τὸ καλὸν ἐκ φύσεως ἔχει), e non ha sazietà dell'attività secondo l'amore, poiché non si può nemmeno cogliere un termine del bello e buono, in modo che insieme con il termine del bello e del buono cessi anche l'amore. Infatti soltanto ciò che è opposto al bello e buono è circoscritto, mentre quel bene la cui natura non è suscettibile di male progredirà verso l'illimitato e l'infinito.[68]

[67] GNO III/3, 69, 16-70, 3 (tr. it. Ramelli, p. 443).

[68] GNO III/3, 70, 20-71, 11 (tr. it. Ramelli, p. 445).

Macrina illustra a Gregorio la vita divina come amore infinito immanente alla natura divina. Il fatto che utilizzi σχέσις proprio per indicare la disposizione all'amore immanente non pare secondario, perché ricorre l'espressione usata nel *Contra Eunomium* per indicare la relazione che unisce Padre e Figlio nell'unica sostanza eterna.[69] La *schesis* trinitaria indica perciò la ragione del fatto che l'amore non ha termine di sazietà per la natura umana che si unisce al divino, poiché mediante la relazione passa la vita divina e la vita di Dio è infinita.

Si può intendere allora il valore della relazione nella condizione umana, il cui essere simile a Dio, secondo la Scrittura, non è dato soltanto dall'anima immateriale, né dal principio di autarchia, ma proprio dall'apertura della natura umana, che può divenire a sua volta ἀγαπητικὴ πρὸς τὸ καλὸν. L'archetipo della natura umana è quindi lo stesso essere relazionale della natura trascendente.[70]

> Poiché dunque ogni natura è tale da attirare a sé ciò che è ad essa affine, e l'umano è in qualche modo affine a Dio (οἰκεῖον δέ πως τῷ Θεῷ τὸ ἀνθρώπινον), in quanto reca in se stesso l'imitazione dell'archetipo, l'anima è necessariamente attratta verso il divino, che le è congenere (κατὰ πᾶσαν ἀνάγκην πρὸς τὸ θεῖόν τε καὶ συγγενὲς ἡ ψυχή). Bisogna infatti che sotto tutti gli aspetti e in tutte le maniere sia riservato a Dio ciò che è suo proprio.[71]

Se è certo che l'archetipo dell'umano sia nella ἀγαπητικὴ σχέσις, ciò non toglie che nella condizione storica sia necessaria la purificazione affinché sia eliminata ogni aderenza al male, come abbiamo visto nella logica della *buona morte* (ὁ εὔκαιρος θάνατος).

6. Conclusione

Quanto abbiamo potuto notare è dunque che l'immanenza relazionale della natura divina si è andata esprimendo parallelamente allo sviluppo di un'antropologia che ha posto in rilievo il carattere del desiderio del bene come una dotazione intrinseca alla

[69] Le occorrenze di *schesis* nel *Contra Eunomium* sono più di 80, di cui la maggior parte relative alla definizione dogmatica della relazione intradivina. Cfr. Ilaria Vigorelli, «The schesis of the Father and of the Son in the *Contra Eunomium I*». En: Miguel Brugarolas (ed.), *Gregory of Nyssa: Contra Eunomium I. An English Translation with Supporting Studies. New Proceedings of the VI International Colloquium on Gregory of Nyssa.* Leiden-Boston: Brill, 2018, pp. 538-556.

[70] Ci troviamo qui a sostenere una posizione un po' differente da Ivanka, quando richiama il platonismo di Gregorio in quanto alla conoscenza mistica: qui non si nota più solo il riferimento ad una ontologia discendente-degradante, né alla natura umana come ricettacolo per il divino, bensì assistiamo ad una trasformazione importante dell'impianto platonico, giacché *agapetikē schesis* vuol dire essere nella posizione del Figlio che può ricevere amore dal Padre e a sua volta riamarLo. Il platonismo appare così più un palinsesto, ma la descrizione della realtà umana si può dire già radicata nella nuova ontologia, ormai pienamente trinitaria. Cfr. Endre von Ivanka, *Plato christianus: la réception critique du platonisme chez les Pères de l'Église.* Paris: PUF, 1990, pp. 137-172.

[71] GNO III/3, 71, 11-15 (tr. it. Ramelli, 445).

condizione umana che la apre ad un compimento relazionale e dunque alla dimensione spirituale, che trascende quella dell'intellegibile.

La volontà, che lungo la storia del soggetto determinerà la sua disposizione verso i beni in tutte le forme possibili di virtù o di vizio, giungerà alla morte naturale come ad un rimedio finale. Corpo ed anima, infatti, potranno essere riplasmati dal Creatore in una nuova foggia, quella del corpo risorto, che ridonerà, unificata, la piena capacità di amare.

In questo cammino non abbiamo potuto fare a meno di considerare la centralità dell'incarnazione del Verbo, che prendendo la natura umana ha donato ad essa l'attualizzazione del compimento nell'unione con la divinità, e ha trasformato la logica della partecipazione al divino in una relazione personale che non esclude il corpo, ma anzi lo assume.

La dottrina di Gn 1,26-28 pone così per l'essere umano un nuovo modo di essere secondo la categoria della relazione, non contemplato precedentemente dalla metafisica aristotelica né dai suoi commentatori.[72]

Considerare come Gregorio indichi le disposizioni umane, ci ha dato una luce nuova sulla considerazione che il Nisseno aveva del senso della libertà dell'essere corporeo-spirituale.

Che cosa sarà per Gregorio il corpo nell'*eschaton* definitivo, giacché dall'Ascensione del Cristo esso è presente nell'eternità immateriale di Dio (Mc 16,19)?[73] Nel *De hominis opificio* egli spiega come la dimensione corporale può partecipare delle operazioni spirituali amando. Dopo aver descritto, infatti, gli attributi divini di Intelligenza e Parola, aggiunge:

> Non lontana da questi attributi è la natura umana. Vedi in te stesso la ragione e il pensiero, immagine dell'Intelligenza e della Parola per essenza. Ancora, Dio è carità: così dice il grande Giovanni che «l'amore è Dio e Dio è amore» (1Gv 4,7-8). Colui che ha plasmato la nostra natura ha fatto nostro anche questo carattere: «conosceranno tutti che siete miei discepoli, se vi amerete reciprocamente» (Gv 13,35). Non essendoci l'amore si altera tutto il carattere dell'immagine.[74]

In tal modo possiamo intendere che l'amore è il punto finale del discorso antropologico del Nisseno: la possibilità di partecipare agli attributi dell'eterno, non si dà soltanto in virtù dell'immagine (Gn 1,26), ma molto più compiutamente in virtù dell'unione del Verbo all'umanità intera, corpo e anima insieme.

---

[72] Cfr. Giulio Maspero, *Essere e relazione.* Roma: Città Nuova, 2013.

[73] Il riferimento all'Ascensione si trova sia nell'*Antirrheticus, adversus Apollinarium* (GNO III/1, 203, 6), sia nel *Contra Eunomium III* (GNO II, 48, 22).

[74] PG 44, 137, 31-41.

Come ci può servire oggi tale antropologia?

Riprendendo le istanze messe in dialogo dall'introduzione, potremmo dire che l'antropologia relazionale del nisseno non è binaria bensì trinitaria, ovvero non compone gli opposti in una dialettica immanente al soggetto che li rende contraddittori e in lotta, ma apre la compresenza dei contrari (vero-falso, vita-morte, sensibile-intellegibile, ecc.) in relazione al terzo trascendente che è origine, salvezza e compimento inesausto del vivere.

Nel fare ciò, il rapporto con l'Alterità non è visto come rapporto servile bensì filiale, ovvero non come dipendenza, o contro-dipendenza del desiderio, ma come relazione aperta con la fonte.

Alla logica del ricevere, così delineata, si affianca quella della sovrabbondanza del rapporto con l'infinito. Il soggetto umano di Gregorio di Nissa non è schiacciato dalla sua progettualità immanente che lo forza ad una prestazione trans-umana, nel continuo superamento del limite, ma è in uno stato di continuo accrescimento spirituale, dove il limite è soglia aperta sul bene che non si raggiunge e non si spartisce ma si riceve e si desidera di più, si condivide e mai termina.

Sigle

GNO JAEGER, Werner, et al. (eds.), *Gregorii Nysseni opera.* Leiden: Brill, 1952-2019.
PG MIGNE, Jacques Paul (ed.), *Patrologiae cursus completus. Series graeca,* Turnhout: Brepol, 1858.

Riferimenti bibliografici

COURCELLE, Pierre, «Grégorire de Nysse lecteur de Porphyre». *Revue des Etudes. Grecques* [Paris], 80, 1967, pp. 402-406.

DANIÉLOU, Jean, *L'Être et le Temps chez Grégoire de Nysse.* Leiden: Brill, 1970.

DELLING, Gerhard, «Stoicheion». *Theological Dictionary of the New Testament* [Grand Rapids, Michigan], 7, 1971, pp. 670-687.

DELSOL, Chantal, *La fine della cristianità e il ritorno del paganesimo.* Trad. Antonio Tombolini. Siena: Cantagalli, 2022.

GREGORIO DI NISSA, *De perfectione christiana ad Olympium monachum, De professione christiana ad Harmonium, De instituto christiano: Fine, professione e perfezione del cristiano.* Trad. intr. e note di Salvatore Lilla. Roma: Città Nuova, 1996.

GREGORIO DI NISSA, *De anima et resurrectione*: J.F. Callahan (ed.) (1914) GNO III/3,75-170 [PG XLVI 11-160]. Trad. it.: *Sull'anima e La Resurrezione* (Il Pensiero Occidentale), a cura di I. Ramelli. Milano: Bompiani, 2007.

GREGORIO DI NISSA, *Oratio catechetica magna*: E. Muehlenberg (ed.) (1996) GNO III/4,5-106 [PG XLV, 9-105]. Trad. it.: *La grande catechesi,* a cura di M. Naldini. Roma: Città Nuova, 1990.

GREGORIO DI NISSA, *De mortuis non esse dolendum*: G. Heil (ed.) (1967) GNO IX/1,28-68 [PG XLVI 497-537]. Trad. it.: *Discorso sui defunti,* a cura di G. Lozza. Torino: Corona Patrum - Società Editrice Internazionale, 1991.

GEMMITI, Dante, «La libertà e i fondamenti metafisici dell'antropologia di Gregorio Nisseno». En: BRAIDOTTI, Cecilia; DETTORI, Emanuele; LANZILLOTTA, Eugenio, *Οὐ πᾶν ἐφήμερον. Scritti in memoria di Roberto Pretagostini: offerti da colleghi, dottori e dottorandi di ricerca della Facoltà di Lettere e Filosofia.* Roma: Quasar, 2009, pp. 209-245.

GUARDINI, Romano, *L'opposizione polare. Saggio per una filosofia del concreto vivente.* Trad. Giulio Colombi. Brescia: Morcelliana, 2022.

GWYNN, David M., *The Eusebians: The Polemic of Athanasius of Alexandria and the Construction of the Arian Controversy.* Oxford: Oxford University Press, 2007.

HAN, Byung-Chul, *La società della stanchezza.* Trad. Federica Bongiorno. Roma: Nottetempo, 2012.

HAN, Byung-Chul, *Eros in Agonia.* Trad. Federica Bongiorno. Roma: Nottetempo, 2013.

HART, David Bentley, «The mirror of the infinite: Gregory of Nyssa on the vestigia trinitatis». *Modern Theology* [Hoboken, New Jersey], 18/4, 2002, pp. 541-561.

IVANKA, Endre von, *Plato christianus: la réception critique du platonisme chez les Pères de l'Église.* Paris: PUF, 1990.

JAEGER, Werner, et al. (eds.), *Gregorii Nysseni opera.* Leiden: Brill, 1952-2019.

JAMESON, Fredric, *Post-modernism, or the cultural logic of late capitalism.* Durham: Duke University Press, 1991.

LE BOULLUEC, Alain, «Corporéité ou individualité? La condition finale des ressuscités selon Grégoire de Nysse». *Augustinianum* [Roma], 35/1, 1995, pp. 307-326.

LYOTARD, Jean-François, *La condition postmoderne.* Paris: Les Éditions de Minuit, 1979.

MARQUARD, Odo, «Éloge du polythéisme. Monomythie et polymythie». *Archives de Philosophie* [Paris], 3/80, 2017, pp. 505-526.

MASPERO, Giulio, *Uno perché trino.* Roma: Cantagalli, 2011.

MASPERO, Giulio, *Essere e relazione.* Roma: Città Nuova, 2013.

MASPERO, Giulio, «Deification, Relation (schesis) and Ontology in Gregory of Nyssa». En: ARBLASTER, John; FAESEN, Rob (eds.), *Theosis / Deification: Christian Doctrines of Divinization East and West.* Bibliotheca Ephemeridum Theologicarum Lovaniensium. Leuven: Peeters, 2018, pp. 19-34.

MASPERO, Giulio, *Dio trino perché vivo.* Brescia: Morcelliana, 2018.

MASPERO, Giulio, «Ontology, History and Relation (schesis): Gregory of Nyssa's Epektasis». En: KAETHLER, Andrew T. J.; MITRALEXIS, Sotiris (eds.), *Between Being and Time. From Ontology to Eschatology.* Lanham: Lexington Books/Fortress Academic, 2019, pp. 23-36.

MATEO-SECO, Lucas Francisco, «Consideraciones en torno a la muerte en las *Homilías al Eclesiastés de Gregorio di Nisa*». *Scripta theologica* [Pamplona], 23/3, 1991, pp. 921-937.

MAZZANTI, Angela Maria (a cura di), *Un metodo per il dialogo tra le culture.* Supplementi Adamantius IX. Brescia: Morcelliana, 2019.

MIGNE, Jacques Paul (ed.), *Patrologiae cursus completus. Series graeca.* Turnhout: Brepol, 1858.

MOELLER, Charles, *Saggezza greca e paradosso cristiano.* Trad. Nella Berther. Brescia: Morcelliana, 1951.

NIETZSCHE, Friedrich, *Così parlò Zarathustra. Un libro per tutti e per nessuno.* Trad. Mazzino Montinari, vol. 1. Milano: Adelphi, 1985.

RAMELLI, Ilaria, «Christian soteriology and Christian Platonism: Origen, Gregory of Nyssa, and the biblical and philosophical basis of the doctrine of apokatastasis». *Vigiliae Christianae* [Leiden], 61/3, 2007, pp. 313-356.

SPIRA, Andreas, «Le temps d'un homme selon Aristote et Grégoire de Nysse: stabilité et instabilité dans le pensée grecque». *Colloques internationaux du CNRS* [Paris], 604, 1984, pp. 283-294.

USACHEVA, Anna; ULRICH, Jörg; BHAYRO, Siam, *The Unity of Body and Soul in Patristic and Byzantine Thought.* Schöningh: Brill, 2020.

VIGORELLI, Ilaria, «Ontology and Existence: Schesis of the Soul in Gregory of Nyssa's *In Canticum canticorum*». En: MASPERO, Giulio; BRUGAROLAS, Miguel; VIGORELLI, Ilaria (eds.), *Gregory of Nyssa:* In Canticum Canticorum, *Analytical and Supporting Studies. Proceedings of the 13th International Colloquium on Gregory of Nyssa (Rome, 17-20 September 2014).* Leiden: Brill, 2018, pp. 527-538.

VIGORELLI, Ilaria, «The schesis of the Father and of the Son in the *Contra Eunomium I*». En: BRUGAROLAS, Miguel (ed.), *Gregory of Nyssa: Contra Eunomium I. An English Translation with Supporting Studies. New Proceedings of the VI International Colloquium on Gregory of Nyssa.* Leiden-Boston: Brill, 2018, pp. 538-556.

VIGORELLI, Ilaria, *La relazione. Dio e l'uomo.* Roma: Città Nuova, 2020.

VIGORELLI, Ilaria; MALO, Antonio; MASPERO, Giulio, «Digital Metaphysics». En: BERTOLASO, Marta; CAPONE, Luca; RODRÍGUEZ-LLUESMA, Carlos (eds.), *Digital Humanism. A Human-Centric Approach to Digital Technologies.* London: Palgrave Macmillan, 2022, pp. 31-48.

Ilaria VIGORELLI

EXCESO Y EXISTENCIA PERSONAL. COMENTARIO FENOMENOLÓGICO A *CONFESIONES* X, 8, 15

Diego I. ROSALES

Hápax. Centro de Investigación en Humanidades (México)
diego.rosales@hapax.ac
Nº ORCID: 0000-0003-0326-4231
Article rebut: 13/06/2023
Article aprovat: 20/09/2023
DOI: 10.60940/comprendrev26n1id427363

Resumen

En este trabajo me propongo describir algunos factores de la existencia personal a partir del comentario de un fragmento de las *Confesiones* de san Agustín de Hipona. El análisis de dicho fragmento se hará con base en el método fenomenológico, principalmente de raigambre husserliana, y se pondrá en relación con otros descubrimientos fenomenológicos contemporáneos que también tienen en cuenta la obra agustiniana. En primer lugar, se describirá el movimiento fundamental de la «inquietud». Después se destacarán las nociones de tiempo y temporalización y, por último, se explicará la noción de «existencia personal» y por qué le conviene una cierta forma de «exceso».

Palabras clave: Agustín de Hipona, antropología, fenomenología, persona, tiempo.

Excess and Personal Existence. Phenomenological Commentary on *Confessions* X, 8, 15

Abstract

The aim of this paper is to describe some characteristics of personal existence based on a commentary of a text of the Confessions of Saint Augustine. The analysis of the fragment will made on phenomenological basis understood mainly in a Husserlian perspective and in relation with other phenomenologies that have considered Augustinian philosophy. Firstly, I will describe the fundamental movement of «restlessness». Secondly, I will approach to the notion of time and temporalization of consciousness. Finally, I will explain the notion of «personal existence» and why it claims a certain form of «excess».

Key words: Anthropology, Augustine of Hippo, Person, Phenomenology, Time.

«Pero su dolor no consiste en una escasez sino en un exceso.»

S. Kierkegaard

1. Introducción

La filosofía de Agustín de Hipona es uno de los primeros desarrollos en la historia de la filosofía que da cuenta de la existencia personal en muchas de sus dimensiones. El libro de las *Confesiones* ha sido leído como el inicio de una teoría de la persona o como una antropología filosófica de la trascendencia, en la que Agustín está a la búsqueda de su identidad y no logra encontrarla hasta que encuentra su asidero en Dios. Así lo han mostrado recientemente Rowan Williams,[1] Marie-Anne Vannier,[2] Natalie Depraz,[3] Éric Dubreucq[4] o Jean-Luc Marion,[5] quienes tienen como común denominador ver en las *Confesiones* una teoría de la «subjetividad», una exploración biográfica sobre la constitución del sujeto o una expresión más de la *epimeleia* antigua, término que aparece en Platón[6] y que será clave para entender la filosofía antigua como un volverse el alma sobre sí misma para hacerse cargo de su aventura hacia el Bien, y que el propio Agustín llamó *cura vitae*, el cuidado de la vida, o cuidado del alma.[7]

Efectivamente, algunas discusiones de filosofía contemporánea, especialmente en el marco de la fenomenología y de la filosofía de la subjetividad, se preguntan por el dinamismo de constitución del sujeto y buscan describir y encontrar los factores tanto íntimos como externos que dan identidad a un individuo determinado. Así, por ejemplo, la fenomenología de Husserl desarrolla una teoría de la constitución del sujeto a partir de los actos de conciencia, desde actos fundantes a nivel perceptivo o síntesis temporalizadoras que dan mundo, hasta actos fundados sociales y culturales que otorgan al sujeto una historia y una individualidad personalmente determinada.[8] En esta

---

1 Cfr. Rowan Williams, *On Augustine*. Londres/Nueva York: Bloomsbury, 2016.

2 Cfr. Marie-Anne Vannier, *Creatio, conversio, formatio chez saint Augustin*. Friburgo: Éditions Universitaires, 1997.

3 Cfr. Natalie Depraz, «Saint Augustin et la méthode de la réduction». En: Maxence Caron (dir.), *Saint Augustine*. París: Les Éditions du Cerf, 2009, pp. 551-571.

4 Cfr. Éric Dubreucq, *Le coeur et l'écriture chez saint Augustine. Enquête sur le rapport à soi dans les* Confessions. París: Presses Universitaires du Septentrion, 2003.

5 Cfr. Jean-Luc Marion, *Au lieu du soi. L'approche de Saint Augustine*. París: Presses Universitaires de France, 2008.

6 Cfr. Platón, *Alcibíades* 132c, *Protágoras* 323c o *Fedro* 246b, por mencionar solamente algunos ejemplos.

7 Cfr. Agustín de Hipona, *conf.* X, 35, 36; *ep.* XCV, 2; *s.* 344. He incluido al final del artículo una lista de abreviaturas de las obras de san Agustín citadas en este trabajo.

8 Cfr. Edmund Husserl, *Ideas relativas a una fenomenología pura y una filosofía fenomenológica. Libro segundo: Investigaciones fenomenológicas sobre la constitución (Ideas II)*. Trad. de A. Zirión. México: Fondo de Cultura Económica, 2005, y *Lecciones de fenomenología de la conciencia interna del tiempo*. Trad. de A. Serrano de Haro. Madrid: Editorial Trotta, 2010.

línea fenomenológica pueden situarse también los trabajos de Michel Henry[9] o de Renaud Barbaras.[10] En un sentido distinto, también Michel Foucault[11] –deudor en este aspecto de Freud y de Lacan– desarrolló investigaciones sobre la constitución de la subjetividad, aunque, a diferencia de la tradición fenomenológica, él se centró en los elementos simbólicos del poder y de las prácticas normativas y disciplinarias que, históricamente, han constituido la conciencia subjetiva de Occidente.

En este trabajo me propongo hacer avanzar el debate sobre la constitución del sujeto a partir de una aproximación fenomenológica a san Agustín. En concreto, comentaré un inquietante pasaje de las *Confesiones* en el que se exhibe uno de los rasgos distintivos de la subjetividad: su propio sobrepasamiento, un exceso del alma respecto de sí misma que provoca un sobrecogimiento o una sorpresa del ser humano ante sí. Es verdad que Agustín no conoció la noción de «subjetividad», pero sí la de «alma», entendida como el centro del ser humano, como una realidad siempre presente ante sí bajo una cierta forma de afectividad inobjetiva que constituye la vida íntima del *ego*.[12] El alma es para Agustín la dimensión interior y reflexiva del ser humano por la cual accede no solo a su propia hondura sino también a la trascendencia divina: «más dentro que lo más íntimo y mío, y superior a lo más grande que hay en mí».[13] El pasaje es el siguiente:

> Grande es esta capacidad de la memoria, sumamente grande, Dios mío, una estancia infinita y amplia. ¿Quién ha llegado a su fondo? Pero, a pesar de ser esta capacidad de mi propia alma y de pertenecer a mi naturaleza, soy incapaz de abarcarme totalmente. De modo que el alma es una habitación angosta para sí misma, pues, ¿en dónde puede estar lo que de sí misma no cabe en ella? ¿Acaso está fuera de ella y no en ella? ¿De qué modo no se puede abarcar? Esto me causa enorme admiración y me llena de estupor.[14]

Es bien conocido el lenguaje florido y metafórico de Agustín, especialmente en sus *Confesiones*; y es cierto que el sentido literal del texto no podría tomarse como el defini-

[9] Cfr. Michel Henry, *L'essence de la manifestation*. París: Presses Universitaires de France, 1963; *Incarnation. Une philosophie de la chair*. París: Seuil, 2000.

[10] Cfr. Renaud Barbaras, *Introducción a una fenomenología de la vida. Intencionalidad y deseo*. Trad. de J. M. Ayuso. Madrid: Ediciones Encuentro, 2013.

[11] Cfr. Michel Foucault, *Hermenéutica del sujeto*. Trad. de H. Pons. México: Fondo de Cultura Económica, 2002.

[12] Cfr. Agustín de Hipona, *trin*. X, 3, 5; X, 4, 6; X, 10, 16.

[13] Agustín de Hipona, *conf*. III, 6, 11. Todas las traducciones de los textos de san Agustín son mías, aunque he tenido a la vista las versiones publicadas por la Biblioteca de Autores Cristianos.

[14] Agustín de Hipona, *conf*. X, 8, 15. «Magna ista vis est memoriae, magna nimis, Deus meus, penetrale amplum et infinitum. Quis ad fundum eius pervenit? Et vis est haec animi mei atque ad meam naturam pertinet, nec ego ipse capio totum, quod sum. Ergo animus ad habendum se ipsum angustus est, ut ubi sit quod sui non capit? Numquid extra ipsum ac non in ipso? Quomodo ergo non capit? Multa mihi super hoc oboritur admiratio, stupor apprehendit me».

tivo, pues para el obispo de Hipona el alma es espiritual y no tiene magnitud: «puedo afirmar que no es larga, ni ancha, ni robusta, ni tiene nada de lo que acostumbramos a apreciar como extenso en los cuerpos»,[15] de manera que los términos «estancia infinita y amplia» (*amplum et infintum penetrale*) o «angosta» (*angustus est*) deben tomarse en un sentido traslaticio o metafórico, con el que intenta describir una experiencia, no obstante, real. Sin embargo, descartar el texto como una metáfora meramente poética sería un error, pues el desasosiego, la admiración y el estupor que la experiencia provoca en Agustín tienen un carácter existencial que altera el itinerario vital del autor. Además, la salida del alma respecto de sí misma, su inadecuación y su permanente desborde son prácticamente un *leitmotiv* de las *Confesiones* e incluso caracterizan la introducción de un nuevo tema en filosofía: la reflexividad del ser humano como una realidad inacabada, que constantemente ha de estar pronunciándose por su propia definición, recogiéndose, como una existencia abierta cuya tendencia natural es salirse de cierta contención y desparramarse en el mundo.[16] Es evidente que esto solo puede suceder en un ser cuya vida íntima sea permanente movimiento, reflexividad e indeterminación. El continuo exceso y rebasamiento de sí anuncia de algún modo que el alma está inquieta de manera nativa. En el siguiente apartado intentaré describir cómo está conformada esa inquietud.

2. Inquietud y movimiento fundamental

El primer paso en la interpretación del pasaje puede darse transformando la metáfora espacial en la descripción de una vivencia principalmente temporal, pues el alma no es extensa pero sí constituye tiempo, como ha quedado claro por el análisis del tiempo efectuado en *Confesiones* XI. Efectivamente, mientras Agustín utilizaba conceptos temporales para explicar el tiempo, caía en aporía:

> en cuanto al tiempo presente, ¿cómo lo medimos, si no tiene espacio? Lo medimos ciertamente cuando pasa, no cuando es ya pasado, porque entonces ya no hay qué medir. Pero, ¿de dónde, por dónde y a dónde pasa cuando lo medimos? ¿De dónde, sino del futuro? ¿Por dónde, sino por el presente? ¿A dónde, sino al pasado? Luego va de lo que aún no es, pasa por lo que carece de espacio y va a lo que ya no es. Sin embargo, ¿qué es lo que medimos sino el tiempo en algún espacio?[17]

Agustín no puede dar respuesta a la pregunta sobre el lugar en el que medimos los tiempos porque ninguno de sus tres vectores –presente, pasado y futuro– tiene consistencia topológica, no existen bajo la forma del ser extenso y espacial, sino que solo

[15] Agustín de Hipona, *an. quant.* 3, 4.

[16] Cfr. Agustín de Hipona, *conf.* II, 1, 1; *uera rel.* XXXVIII, 70.

[17] Agustín de Hipona, *conf.* XI, 21, 27.

existen como forma del alma: «fuera de ella yo no veo que existen: presente de cosas pasadas (memoria), presente de cosas presentes (atención) y presente de cosas futuras (expectación)».[18] El tiempo es *distentio animi*, una distensión del alma por la que el pasado solo existe en la medida en que ella recuerda lo que ya no es, y el futuro solo existe en la medida en que el alma espera lo que aún no es. El presente, finalmente, es el ser mismo del alma en su carácter constituyente de temporalidad y al que se accede a través de la atención.

Una fenomenología de la existencia humana ha de partir de la constatación de que es el alma la que constituye temporalidad, aunque incorporada en un mundo extenso: ésas son las dimensiones básicas del mundo dentro del cual acontece la vida de los hombres. Nuestra existencia está marcada, para decirlo con Jean-Yves Lacoste, por una «topología», por unas circunstancias y unas coordenadas a las que no puedo ser sordo y que no puedo obviar si quiero describir quién soy.[19] El horizonte de realización de la existencia humana se circunscribe a las condiciones del tiempo, como una de las formas primarias de la interioridad, y del espacio, como una de las formas primeras de la exterioridad. Ahí el alma crece, desenvuelve su vida y se constituye como un ser humano.

En esas condiciones topológicas la vida está transida desde el inicio por un hiato: aquél que se abre entre lo que el alma es de hecho y lo que quiere llegar a ser, pero también por el hueco que hay entre lo que vive en su interioridad y lo que de ella expresa. Por más que hable y actúe el ser humano, queda siempre un residuo dentro de sí que no logra externar del todo.

El cuerpo es menos grande que la interioridad y el lenguaje es precario, al comparársele con lo que vive y experimenta en la conciencia. Este doble desfase, esta doble desarticulación entre lo que es, lo que piensa y lo que hace, así como entre lo que vive en su interioridad y lo que de ello externa, es la condición nativa sobre la que se monta todo deseo y acción humanas.

Las primeras líneas de las *Confesiones* delinean esta nota nativa a partir del contraste que hace Agustín entre el ser de Dios y el ser del hombre: uno es grande y digno de alabanza, el otro es soberbio y está flanqueado por su mortalidad. En el hiato que se abre entre el hombre, deseante, y Dios, deseado como fin, ocurre la historia, la existencia, el mundo: «Grande eres, Señor, y muy digno de alabanza; tu poder es grande e incontable tu sabiduría. ¿Y pretende alabarte el hombre, una pequeña parte de tu creación; precisamente el hombre, asediado de mortalidad, del testimonio de su pecado y del testimonio de que resistes a los soberbios? [...] Nos has hecho para ti y nuestro corazón está inquieto hasta que descanse en ti».[20]

---

[18] Agustín de Hipona, *conf.* XI, 20, 26.

[19] Cfr. Jean-Yves Lacoste, *Experiencia y Absoluto.* Trad. de T. Checchi. Salamanca: Ediciones Sígueme, 2010, p. 15.

[20] Agustín de Hipona, *conf.* I, 1, 1.

La noción de «inquietud» permite decir esta íntima desarticulación. Ella no atiende a una emoción, sentimiento o vivencia concreta, sino a una situación primordial de lo que implica la topología para la vida humana. Sea cual sea el proyecto que emprenda o el deseo que intente el ser humano saciar, viene otro inmediatamente a suplir al anterior. Toda tarea que emprende y cada proyecto que inicia se anuncia desde su inicio como una promesa que, si quiere plantearse como única y definitiva, se constituirá traicionera respecto de la inquietud fundamental que quiere resolver. Ella exhibe por eso una situación constitutivamente paradójica: parte del mundo, el ser humano se sustrae a cualquier satisfacción mundana. La situación fundamental de la inquietud provisionaliza todo bien propuesto por la topología y dota de precariedad a la vivencia de sí,[21] no solamente porque la inquietud es una situación que confronta al ser humano con aquello que pueda satisfacerle y exhibe la insuficiencia de lo mundano, sino porque ella viene motivada también por la incapacidad fundamental de expresar con hondura y precisión aquello que él mismo es. Si bien el lenguaje puede ser un medio de exteriorización de lo que ocurre en la vida interior, este lenguaje es siempre insuficiente, no agota nunca del todo los matices y la riqueza infinita de las vivencias. Nunca dejamos de aprender a hablar, no terminamos nunca de crecer en lenguaje y en palabras, siempre podemos decir y expresar mejor la vida.

Con la acción ocurre lo mismo. En ella se vive la riqueza del sentido y se aprende y se juega la aventura de la libertad, pero no se deja nunca apresar del todo bajo la forma del concepto. Vivir y actuar son siempre más que pensar, aunque pensar sea también una de las formas de la acción. No terminamos nunca, tampoco, de aprender a actuar porque en la efectuación de la acción hay siempre un residuo de sentido que no logra ser apresado por el conocimiento. Nuestra inquietud fundamental tiene que ver con una inefabilidad primordial de nuestra vida que está siempre a la espera de ser dicha, formulada, comprendida, comunicada y experimentada en plenitud.

El ser humano no vive la unidad, ni en su ser ni en sus pensamientos ni en sus actos, más que como una tensión hacia la que dirige su vida, como una hipótesis de acción que no llega nunca a verificarse adecuadamente. Hay zonas de la intimidad de la vida que quedan para él más allá de sí mismo: «soy incapaz de abarcarme totalmente», «el alma es una habitación angosta para sí misma», dice san Agustín, cuya descripción cobra sentido al notar el desbordamiento de lo que sale de unos límites marcados por el alma misma: hay vivencias que se resisten a ser constituidas de manera definitiva por la conciencia de manera temática y adecuada.

[21] Cfr. Jean-Yves Lacoste, *op. cit.,* p. 35: «La inquietud, según su formulación clásica en el 'incipit' de las *Confesiones* de Agustín, es esa nota de la humanidad del hombre que lo sustrae a toda satisfacción cuya medida la den el mundo y la tierra, y lo ordena hacia la satisfacción escatológica que, por simple definición, solo lo Absoluto promete». Ver también Jean-Yves Lacoste, *Note sur le temps.* París: Presses Universitaires de France, 1990, pp. 96-100.

La inquietud es el constante fracaso del intento de asirse el alma o la conciencia a sí misma, de constituir adecuadamente lo que ella misma es, pero también de buscar expresarlo y realizarlo u obtenerlo con el pensamiento y con la acción. Es la constante sorpresa de sí. Siempre puede el hombre ser más y decir mejor lo que es; siempre puede vivir mejor y crecer en su profundidad de vida, pero también puede decrecer y pervertir su existencia hasta límites insospechados; nunca tiene, finalmente, un control completo sobre lo que provoca y genera con su acción y con su pensamiento tanto en el mundo como en los demás.

La inquietud se distingue así tanto del deseo como de la acción. Es una tensión cuyo destino está fuera del mundo y de la historia. Nada hay en ellos que pueda sosegarla. Es, *stricto sensu*, escatológica. El deseo y la acción pertenecen, en cambio, a la inmanencia del mundo. Son las instancias en las que la inquietud toma carne; son fenómenos categoriales, dirigidos a objetos del mundo y, aunque susceptibles de llegar a cierto cumplimiento, están incapacitados para detener el movimiento fundamental de la inquietud; los fines que consiguen están siempre superados por la intención que los provoca, y pueden desatar nuevas vivencias y sentidos que eran imprevisibles para la intención teleológica que los dirigía. Deseo y acción comparecen como un salvoconducto hacia un destino que no puede estar en el interior de la topología.

El deseo, en concreto, despierta a la conciencia su condición de creatura: no soy mi propio creador. Yo no he decidido desear y parece que estoy condenado a padecer ese deseo, que comparece como una constante y permanente molestia que extrae al presente su carácter de definitivo: siempre anhela el ser humano algo más. Al percibirse deseante, comprende la extra-historialidad de su origen; al mostrarse el mundo insuficiente, se exhibe la extra-historialidad de su destino. La inquietud solo puede ser sosegada por un Bien que no pueda perderse nunca, por un Bien que colme infinitamente y cuya promesa no pueda nunca ser rota: un Bien que supere el devenir del tiempo o que lo colme infinitamente;[22] y esto no puede darse en el interior de la historia o bajo las condiciones de la topología. Tiene un carácter escatológico, por lo que permanece velado para la conciencia del hombre en el mundo y no comparece sino como el sentido pleno y definitivo que solo está como ausente, y a partir de la frustración del deseo en los objetos que la topología le presenta.[23]

La inquietud por el Bien perfecto marca la vida de las personas desde su inicio, aun cuando no haya siquiera conciencia de ello. Se quiere el Bien, guste o no. Se ansía la paz, se sepa o no, aunque es cierto, sin embargo, que la inquietud misma en sus formas categoriales puede pervertirse hasta grados diabólicos que dividan al mundo y que in-

[22] Cfr. Agustín de Hipona, *beata u.* 2, 11; *diu. qu.* 35, 1, 2.

[23] Platón intuía ya este carácter de oscuridad en la que permanece el objeto del deseo: «Es evidente que el alma de cada uno desea otra cosa que no puede expresar, si bien adivina lo que quiere y lo insinúa enigmáticamente» (*Banquete*, 192c-d); «Sí que es verdad que ama, pero no sabe qué» (*Fedro*, 255d).

troduzcan escisiones e hiatos de absurdo moral en la historia humana. El deseo puede caer por sí mismo hasta regiones horrorosas del ser, pero incluso ese hórrido movimiento se ejecuta sobre la base de una inquietud que no anhela el horror que obtiene, pues el espanto más infinito pensable permanece, precisamente, como espanto, y por lo tanto carece de las notas del Bien anhelado. Así, el argumento anselmiano recibe una nueva formulación, tanto en su estructura material como en su estructura formal. Para decir la inquietud y explicar el continuo rebasamiento y permanente exceso del alma respecto de sí misma, se hace necesario no pensar el «ser» más perfecto, sino querer el «bien» más perfecto, y con ello no se busca comprobar la existencia de ese ser trascendente sino mostrar la irreductibilidad antropológica de un dinamismo de la existencia humana: el hecho de que la inquietud es extra-histórica.

Estamos siempre en camino: cada fin objetivo de nuestro deseo, de nuestro conocimiento o de nuestra acción queda siempre relativizado y se constituye transitorio. Somos búsqueda permanente. Los resultados logrados vuelven a cuestionar siempre la teoría y la praxis realizada, y desplazan el horizonte siempre un poco más allá de lo que había antes. «En esta vida –escribe Agustín recordando a san Pablo– se llama perfección al olvido de lo que queda atrás y al avance intencional hacia la meta que tenemos delante. La intención del que busca es camino de seguridad hasta alcanzar aquello hacia lo que tendemos, y que se extiende más allá de nosotros mismos».[24] Por eso la precaria noticia que hay en mí del Bien perfecto es uno de los primeros viáticos que pueden administrarse al deseo fallido, que queda a su vez siempre hipotecado por un fin que no ha de tener fin alguno.

He descrito hasta ahora un dinamismo de la existencia humana, la inquietud, como la primera nota de desbordamiento o exceso de sí que vive el ser humano. Ella es una situación nativa por la que el alma provisionaliza todo bien mundano y se ve empujada hacia la búsqueda de un Bien perfecto que no pueda perderse nunca. En su sentido de proyecto, «el alma no cabe en sí misma», es sobrepasada y excedida por sí misma en tanto capaz de intenciones dirigidas a un *éschaton*. En la siguiente sección exploraré el sentido del exceso y el sobrepasamiento en el proceso mismo de constitución temporalizante del alma o de la conciencia respecto del mundo y respecto de sí misma.

3. Tiempo, temporalización y lo propiamente «personal» de la existencia

Las acciones humanas introducen en el mundo una cierta novedad cuyo sentido excede tanto la situación puntual del ahora como el punto concreto del espacio inmediato. La vida humana es así vivida como un movimiento en el tiempo cuya apertura está orientada hacia un futuro que, dada la nota escatológica de la inquietud, no puede

[24] Agustín de Hipona, *trin.* IX, 1, 1.

ser un momento cronológico del tiempo del mundo. No hay presente que pueda mostrarse definitividad, tampoco ningún pasado. Pero eso no quiere decir que el tiempo del mundo, a pesar de ser constituido por la conciencia, no ejerza ninguna influencia sobre la existencia.

Entender la vida humana y la conciencia que la constituye como temporalizante y temporalizada arroja luz sobre el hecho de que todo acontecimiento puede ser iluminado siempre de una nueva manera, y en esa iluminación adquirir un nuevo sentido o ser constituido dentro de otro horizonte: cada vivencia puede ser engarzada de diversas maneras en el tiempo de la vida, por lo que el sentido del mundo y de las propias vivencias de ese mundo es siempre una cuestión abierta.[25]

En esa medida, intentaré mostrar a continuación –en sede fenomenológica– que la vida humana es una vida supranatural en al menos este sentido: su devenir y su apropiación no se apoyan solamente en la *physis* y en sus procesos causales determinados, sino que existe una libertad que muchas veces la transfigura o la rompe en su orden de sentido, pues la constitución de un fenómeno puede quedar suspendida hasta no verificarse en nuevos sucesos o acontecimientos por venir.

Si estamos de acuerdo con el principio fenomenológico «a cada modo de ser le corresponde un modo de aparecer» –y, por lo tanto, una forma determinada de intencionalidad–,[26] habrá que analizar cuál es precisamente y en qué consiste la forma o las formas de aparecer de la existencia humana a sí misma en el tiempo, es decir, de qué modo el alma se entrega a sí o es un dato para sí, pues es ahí en donde comparecerá el exceso o el desbordamiento del que habla Agustín. Será en esa fenomenicidad del alma ante sí, es decir, en su temporalización íntima, en donde se anunciará el carácter del ser mismo de dicha existencia.

La mayoría de los entes pueden aparecer a la conciencia como fenómenos distintos, pues gozan en general de distintas modalidades del ser. Un libro, por ejemplo, puede aparecer como un texto para ser leído, pero también como un objeto material que

[25] Es útil a este respecto revisar la exploración que Claude Romano hace del «acontecimiento» y de la temporalidad, para caracterizar al ser humano como un «viniente»: «La ipseidad es la capacidad de mantener abierta la abertura de la pasibilidad manteniéndose ahí uno a sí mismo: significa disponibilidad al acontecimiento y posibilidad de responder de él [...]. Ser uno mismo, ser sí, es poder apropiarse los posibles que articulan el mundo volviendo a desplegarlos de acuerdo con los propios proyectos». Claude Romano, *El acontecimiento y el mundo.* Trad. de F. Rampérez. Salamanca: Sígueme, 2012, p. 192.

[26] Me refiero en este caso a la estructura básica de la intencionalidad de la conciencia trascendental, la dimensión por la que el yo está situado desde siempre en relación con un mundo: «a todo objeto corresponde un sistema idealmente cerrado de verdades que valen para él, y por otro lado un sistema ideal de posibles vivencias cognoscitivas gracias a las cuales este objeto y las verdades pertenecientes a él vendrían a estar dados a un cognoscente». Edmund Husserl, «La fenomenología pura, su ámbito de investigación y su método». En: *Textos breves 1887-1936.* Ediciones Sígueme, Salamanca, p. 316. Cfr. también Edmund Husserl, *Investigaciones lógicas II.* Trad. de J. Gaos y M. García-Morente. Madrid: Alianza Editorial, 2002, pp. 439-530, e *Ideas relativas a una fenomenología pura y una filosofía fenomenológica. Libro primero: Introducción a la fenomenología pura (Ideas I).* Trad. de A. Zirión. México: Fondo de Cultura Económica, 2014, pp. 147-181.

ocupa un lugar en el espacio o como 'un vestigio de la Biblia de Gutenberg'. El objeto es el mismo, pero su sentido fenoménico es en todos los casos diferente. Los seres del mundo en la topología portan consigo una pluralidad irreductible de posibilidades de manifestación: no existe la posibilidad para los objetos de mostrarse solo de un modo siempre y unívocamente. Lo propio del aparecer del mundo es tener muchos rostros y escorzos, pues el tiempo y el espacio refractan el aparecer en muchas aristas, dotando a la significación de inmensas posibilidades.

A la multiplicidad de modos de ser, como lo he mencionado ya, le corresponde una multiplicidad de modos de aparecer y, por lo tanto, también una multiplicidad de modos de acogerlo la conciencia: la intencionalidad se flexiona según el modo de darse el objeto en relación con un yo que lo vive de acuerdo con una situación concreta. Toda posible aparición, además, tiene también un carácter temporal: los objetos o los entes no se constituyen de un modo o de otro de manera instantánea o estática –como los medievales caracterizaban al conocimiento angélico–, sino que la conciencia los constituye en el tiempo, en el horizonte de una pluralidad de posibilidades y a partir de una síntesis de vivencias que, enlazadas, constituyen el sentido de dicho objeto para constituir una unidad fenoménica o unidad de fenómeno.[27] Todo aparecer es así también un acontecer relativamente susceptible de ser delimitado en el tiempo, cuyo mostrarse tiene un comienzo y tiene un fin, aunque sus fronteras exactas sean difusas y apunten siempre a sentidos extrapuntuales. Eso es precisamente lo que hace que la conciencia pueda revivir ciertos fenómenos que denotan repetibilidad: si aparto mi mirada del libro para poner atención en la puerta, puedo en principio volver a dirigir la mirada al libro y constituirlo nuevamente con conciencia temática, y cada vez que me acerco a él puedo –reconociéndolo el mismo– descubrir notas nuevas. Dicha vivencia no será la misma, no ya solamente porque el libro podría comparecer bajo nuevos rasgos en nuevos escorzos o bajo una consideración simbólica diferente, sino porque la conciencia ya no es exactamente igual: por un lado, ya un poso de sentido ha sedimentado en ella formando un hábito, singularizándola[28] y, por otro lado, gracias a ese hábito la segunda comparecencia del mismo objeto se da sobre el fondo de retención de la primera. Retención y protención permiten así que la conciencia vaya en el tiempo constituyendo mundo, aceptando novedades e integrándolas bajo la modalidad del hábito, pero también que la conciencia vaya haciendo historia de sí y se constituya como la conciencia de una «existencia personal».

La noción de «persona» tiene una enorme historia. En este trabajo quiero recoger dos sentidos de ella. El primero, más evidente y más próximo históricamente, es el que

[27] Cfr. Edmund Husserl, *Meditaciones cartesianas.* Trad. de J. Gaos y M. García-Baró. México: Fondo de Cultura Económica, 2005, §27, p. 104.

[28] Cfr. Edmund Husserl, *Ideas II, op. cit,* pp. 219-258. Ver también Rubén Sánchez Muñoz, «El problema del hombre en la fenomenología de Husserl». *Valenciana* [Guanajuato], 21/1, 2018, pp. 289-312.

utiliza Edmund Husserl en el segundo volumen de *Ideas* y que en otros manuscritos de los años 20 y 30 denomina «persona trascendental»: «El yo trascendental como polo y como sustrato de la totalidad de las posibilidades es, por así decir, la persona trascendental que viene a dación originaria por la reducción fenomenológica, que se adjudica, penetrando en la universalidad de lo trascendental en su concreción, la vida plenamente englobante, poniendo en juego todas las potencialidades, y que puede conducir a formación todos los modos ahora posibles de llevar a cabo el tener-se».[29] La noción de «persona trascendental» se refiere al sujeto trascendental en tanto que concreto, es decir, dotado de una historia, de un mundo circundante, de unos hábitos y de unas singularizaciones específicas que lo individualizan. En ese sentido, la conciencia es personal en la constitución temporalizante porque a través de ella se singulariza en hábitos y atributos concretos.[30]

El segundo sentido de persona al que quiero aludir es el que el propio san Agustín formula en su tratado sobre *La Trinidad*: «"persona" no indica la especie, sino el individuo singular, y así la esencia o persona no es equivalente a la palabra "hombre", común a todos los seres humanos, sino que se refiere concretamente a un hombre singular, por ejemplo Abrahán, Isaac o Jacob, o algún otro cuya presencia se pueda señalar con el índice»,[31] y más adelante: «si "ser" se dice de sí mismo, "persona" se dice de la relación».[32]

Ambas nociones, la de Agustín y la de Husserl, tienen en común la denotación de un ser singular que no se identifica ya con la especie. «Ser humano» se refiere a una «clase», «persona» se refiere a cada singular de manera determinada, y en el caso de Agustín, destaca además el movimiento de «salida de sí», o el carácter de «relación» de la noción. 'Persona' es además un nombre que denota no una sustancia, sino una relación singularizada. Los análisis de la temporalización que hemos presentado brevemente de la conciencia dejan ver su carácter de «existencia personal» porque a partir de ella constituye y aprende mundo, y crece hacia una sedimentación de sentido que le dota de una forma propiamente biográfica; pero también porque, en ese movimiento, la vida de la conciencia puede entenderse como una continua salida de sí en relación con el Bien perfecto que, aunque no haya sido constituido como fenómeno objetivo y te-

[29] Edmund Husserl, *Zur phänomenologischen Reduktion, Texte aus dem Nachlass [1926- 1935], Husserliana XXXIV*. Dordrecht: Kluwer Academic Publishers, 2002 [Traducción francesa: *De la réduction phénoménologique. Textes posthumes (1926-1935)*. Trad. por J-F. Pestoreau y M. Richir. Grenoble: Jerôme Millon, 2007, pp. 191/200]. Citado en: Marcela Venebra Muñoz, *La reforma fenomenológica de la antropología*. Bogotá: Editorial Aula de Humanidades/Editorial Bonaventuriana, 2017, p. 226.

[30] Cfr. M. Venebra, *op. cit.*, p. 235: «El concepto de "persona trascendental" explicita una condición de la subjetividad trascendental que ya se había revelado en la consideración histórica de su estructura, esa condición es la concreción».

[31] Agustín de Hipona, *trin.* VII, 6, 11.

[32] *Ibid.*

mático, opera como un factor relacional determinante en la singularización de esa vida, especialmente por la trascendencia respecto de la causalidad del tiempo del mundo.

El exceso o rebasamiento de la expresión agustiniana cobra así un nuevo sentido, pues la habitación que el alma es para sí misma se agosta por lo que en ella comparece: «a pesar de ser –cito nuevamente la expresión de Agustín– esta capacidad de mi propia alma y de pertenecer a mi naturaleza, soy incapaz de abarcarme totalmente. De modo que el alma es una habitación angosta para sí misma».[33] Efectivamente, el libro X es el libro de la *memoria*, un habitáculo sin fondo, el sitio primordial de la verdad para Agustín. En ella comparecen los objetos del mundo pero también las leyes esenciales de la naturaleza, las matemáticas, la gramática y lo que en fenomenología podrían denominarse los «objetos ideales», realidades cuya objetividad y realidad trasciende la temporalidad del mundo. En la memoria, el alma se ve rebasada por el universo de alteridades que en ella se dan al alma porque el mundo se revela ahí como un continuo darse de la realidad cuyo sentido definitivo no puede abarcarse del todo. El alma o la conciencia propia vive, pues, un cierto vértigo, un exceso de sentido y de donación para el que los conceptos y el conocimiento objetivo no pueden nunca ser suficientes.

4. El acontecimiento mismo de la existencia de la conciencia

Los fenómenos que advienen en la temporalidad, es decir, los acontecimientos que comparecen intencionalmente en la conciencia lo hacen sobre el fondo de un acontecimiento mucho mayor a todos: el de nuestra propia presencia en el mundo entre el nacimiento y la muerte, y el del trascendimiento de la conciencia a su propia actividad temporalizadora. Efectivamente, el primer acontecimiento es el advenimiento de la conciencia a sí misma y su darse cuenta de que su ser y su existencia son incluso anteriores a toda tematización: la vida y el ser de la conciencia son previos a la conciencia temática propiamente dicha y no se identifican del todo como las síntesis que constituyen tiempo. De hecho, ella –la conciencia temática objetivante– comparece ante sí misma incluso como un residuo o como solo una forma o un caso del ser y de la vida que la constituyen y que posibilitan su actuar y su vivir propiamente consciente.

Los acontecimientos «nacimiento» y «muerte» son, como lo han señalado ya varios fenomenólogos,[34] vivencias límite, para los que la fenomenología genética y la fenomenología generativa han buscado herramientas de exploración, desde la cuales pueda darse cuenta del modo como, a través del tiempo, la conciencia va sedimentando experiencias que forman habitualidades y que, a su vez, hacen posibles nuevas expe-

[33] Agustín de Hipona, *conf.* X, 8, 15.

[34] Cfr. Anthony J. Steinbock, *Home and Beyond. Generative Phenomenology after Husserl*. Evanston: Northwestern University Press, 1995, pp. 170 ss.

riencias que no podrían ser constituidas si la conciencia no hubiera atravesado por esas vivencias previas. Todo presente retiene un pasado y protiende un futuro y por ello se hace inconcebible de manera originaria un momento al que anteceda una nada (nacimiento) y al que prosiga una nada (muerte). Nacimiento y muerte son experiencias límite, no-originarias, respecto de las cuales se vuelve imposible efectuar evidencia adecuada o descripción objetiva. Sin embargo, eso no significa que ellas no puedan ser constituidas como fenómenos e integradas a la historialidad de la conciencia de la subjetividad.

Por un lado, vemos nacer y morir a otros, y ello nos permite hacer presentes esas experiencias e integrarlas a la historia de la conciencia, aunque sea de manera no-originaria, como el inicio y el final de la vida. Si bien no sabemos del todo qué es la muerte, sabemos que moriremos. Por otro lado, parece que la conciencia constituyente puede ceder en su intencionalidad dirigida ante acontecimientos imprevistos que la fuercen a reformular su propia historialidad y a romper el hábito que la ha constituido como agente intencional: el mal, el sufrimiento o el amor pueden ejercer sobre la conciencia una transformación que le enseñe que ella no es del todo dueña del mundo que ha constituido y que incluso ella se sitúa en una región ontológica más amplia que la de la necesidad temporal.[35]

Esos aprendizajes «aconteciales»[36] dan al mundo un carácter pretemático, es decir, su ser se constituye como previo a toda conciencia tética que lo nombre y lo perciba, aunque ese carácter no sea propiamente fenoménico más que como un sentido intencional –escatológico– no plenamente cumplido aún y al que apunta el último sedimento de cada vivencia. Nada adviene a la conciencia sin que su dimensión de futuro esté abierta, pues el carácter fenoménico de los fenómenos no depende absolutamente, sino ahora solo relativamente, del yo más que en solo uno de sus rasgos, a saber, el de ser fenómeno-para-mí, pero no para otros. El sentido de cada fenómeno queda con ello liberado de su sujeción a la conciencia del yo y, al mismo tiempo, el yo queda liberado de comprender el mundo como únicamente constituido por sí mismo, y puede entonces comprenderlo como independiente de la vida de conciencia que lo está constituyendo. Con ello, aprende también su propia libertad respecto de él, pues aparece ante sí mismo como una realidad que antecede y precede a lo mundano y lo puede constituir como tal. Es, en sentido fenomenológico, propiamente trascendental. En sentido agustiniano, una persona. Esa libertad, no obstante, no deja de ser paradójica porque, aunque aparezca constituyente de mundo y por lo tanto entregada a un horizonte –el del Bien– que lo trasciende, también se revela incardinada en ese mundo y dependiente de su devenir. Si ha de ser libre, será transgrediéndolo a él.

[35] Cfr. Miguel García-Baró, *Del dolor, la verdad y el bien*. Salamanca: Ediciones Sígueme, 2006, pp. 229 ss.

[36] Cfr. Claude Romano, *op. cit.*, p. 108.

Si entendemos los fenómenos que acontecen a la existencia como fenómenos de una vida de conciencia individual, entonces están siempre singularizados y podrían ser constituidos como primariamente cognoscibles; pero si entendemos los fenómenos que acontecen como parte de un darse que es mayor a una conciencia individual, como elementos del despliegue de un acontecimiento más grande en el que el existente comparece solo desde su nacimiento hasta su muerte, entonces se ejecuta una inversión en el carácter temporal de la conciencia: el pasado y el presente no son ya aquello conocido, previsto o prefigurado por una conciencia que avanza en sus vivencias sobre la línea del tiempo; pasado y futuro no son ya aquello que está a disposición del sujeto que lo representa a sus anchas desde un presente que los nutre o los proyecta, sino que pasado y futuro serán un nuevo horizonte abierto que podrán configurarse mutuamente cada vez de distinto modo según el vivir de esa conciencia y según lo que el mundo que está más allá de ella y de sus representaciones pueda ofrecerle. Así, un alma que no cabe en sí misma, que no tiene en sí una habitación en la que reposar, es un alma que trasciende su propia temporalización. Y, si bien el pasado no podrá ser así alterado en su sentido más objetivo-causal, sí cabe en él posibilidad de ser luego determinado en su sentido más profundo por una vivencia que aún no acontece, que aún no ha sucedido pero que podría suceder, más allá de que pudiera ser prevista o prefigurada por una conciencia constituyente. El futuro, por su parte, se convierte en un horizonte que adviene de manera abierta y desde el cual podrán constituirse plenamente tanto el pasado como el presente, lo que hace que la noción de futuro ya no sea un destino necesario marcado por la teleología de la causalidad natural sino por una apertura absoluta de sentido.

De este modo, la conciencia es la de un ser que, si bien está inmerso en el tiempo, también al mismo tiempo lo constituye y se libera de él: «la persona –señala E. Housset– no es un objeto, sensible o inteligible, constituido en el tiempo, sino que ella es el movimiento de una temporalización continua, de una totalización continua en el presente vivo».[37] El sujeto que comparece en este análisis no es ya un sujeto natural, entendido como un «yo» que está inserto en las determinaciones causales del reino de los fines y dentro de una teleología que podría incluso ser integrada racionalmente, sino que es una existencia personal liberada de esa teleología y de la necesidad. A eso se refiere Jean-Luc Marion cuando comenta el modo como se vive a sí la existencia humana en la obra de san Agustín: «la vida humana es prueba de sí misma o, más exactamente, se prueba como la prueba misma de su posibilidad, de un sí fuera de sí. En ella, nada está jamás decidido de una vez por todas. Hay que decidir, por tanto, sin que nada más que ella misma sea puesta en su lugar. Jamás decidida, siempre a decidirse, la *vita humana* no tiene otro estado que su indeterminación para determinarse, su posibilidad

[37] Emmanuel Housset, *La vocation de la personne.* París: Presses Universitaires de France, 2007, p. 320.

siempre en sufrimiento».[38] Así, la existencia personal denota una forma de la existencia cuya identidad no le viene dada por la especie natural sino por una apertura radicalmente creativa, por la posibilidad de una novedad que siempre está por venir y por hacerse de nuevo. Si lo que señala Housset es verdad, que «el presente es a la vez lo que siempre surge de nuevo y lo que el sujeto constituye siempre de nuevo, y, así, la vida no es ni el acto puro del sujeto reflexivo, ni un padecer puro, sino ese intermedio entre el hacer y el padecer, lo que lo convierte en una tarea infinita»,[39] entonces la vida del sujeto trascendental es una vida propiamente personal que tiene en sus manos la posibilidad de hacer nacer presentes no calculados ni siquiera por sí mismo. Esa libertad no se trata ya de la mera autonomía, sino de la susceptibilidad o la vulnerabilidad de recibir y de responder a los acontecimientos que vienen de una instancia que le trasciende y a los cuales no puede oponer control.

5. Conclusiones: persona y exceso

En este artículo hemos intentado mostrar cómo tanto la inquietud como la apertura que la historialidad de la conciencia exhibe constituyen una forma del ser personal que es relación *ad aliquid*, pues lo que responde con mayor radicalidad a la pregunta «¿quién soy?» no está dado por lo que la autonomía de la voluntad puede decir de sí misma, sino por el modo como esa autonomía responde a una realidad heterogénea, otra, que la llama, que viene de fuera, que comparece como algo dado y que abre la historia del sujeto a aquello en lo que su relación con el Bien se transforme, pues aquello que desea y que persigue en la apertura está orientado por un tiempo que es tanto escatológico como inmemorial.

No hay ningún tipo de conocimiento, autoconocimiento, movimiento reflexivo o experiencia de sí que pueda ofrecerme un espectáculo completo de lo que soy: cada momento es un presente diferente y, por lo tanto, una nueva apertura a un porvenir no previsto ni previsible, de posibles siempre nuevos. Esta nota fenomenológica de apertura a un crecimiento constante, de exceso y de rebasamiento, coincide también con aquello que Gregorio de Nisa llamaba 'epéktasis', la idea de que la perfección consiste en no tener límites y que, por lo tanto, la vida de la persona es la posibilidad de un crecimiento infinito hacia lo verdaderamente infinito: «Si de lo alto no baja

[38] Jean-Luc Marion, *op. cit.*, p. 211. Marion ha desarrollado una noción de «exceso» a la que, sin embargo, no nos acogemos en este trabajo. Ella se refiere a la «saturación» de un fenómeno para la conciencia y, en esa medida, reformular una noción de «donación». La expresión agustiniana, por el contrario, parece referirse no a una «saturación», sino a una independencia respecto de la naturaleza que dice libertad: el 'exceso' es ontológico y antropológico, no solamente fenomenológico. Cfr. Jean-Luc Marion, *Etant donné. Essai d'une phénoménologie de la donation*, París: Presses Universitaires de France, 1997, y *De surcroît.* París: Presses Universitaires de France, 2001.

[39] Emmanuel Housset, *op. cit.*, 2007, p. 321.

ningún obstáculo que detenga el impulso ascendente –porque el bien, por naturaleza, atrae hacia sí a cuantos levantan sus ojos hacia él–, el alma se eleva siempre más arriba y vuela cada vez más alto. Llevada por el deseo de las cosas celestiales, "se lanza a lo que está por delante" [Flp 3, 13], como dice el apóstol».[40] Por eso la existencia personal se resiste a ser cercada y definida bajo la forma del concepto, no porque no pueda haber una noción que nos permita signarla, sino porque es una relación singular en permanente posibilidad de crecimiento hacia el Bien perfecto, de modo que toda definición conceptual que hace la persona de sí o de su prójimo deviene un ídolo que debe ser puesto en cuestión. No existe –para decirlo en términos husserlianos– la posibilidad de una «percepción adecuada»[41] del ser personal, pues es un ser singular cuya intimidad más honda no solo está siempre por terminar de revelarse, sino que siempre está en un continuo hacerse. La persona es el ser respecto del cual la anticipación es imposible.

¿Qué significa entonces la proposición «Yo soy "x"»? La identidad personal no tiene un sentido fijo ni acabado ni terminado, y no me refiero solamente a que la existencia personal no se resuelve con el análisis de su esencia como ente del mundo, sino que no hay posibilidad de abarcar todo lo que la persona es, por la sencilla razón de que la existencia humana no constituye una identidad queriéndose y buscándose a sí, o tratando de constituirse a sí en actos reflexivos, sino que va constituyendo identidad al constituir tiempo y mundo, en el movimiento de crecimiento y salida hacia la búsqueda del Bien que anhela. De todos los aspectos, modos, movimientos y rasgos de la persona, son la inquietud del Bien perfecto y la relación que con ese Bien establece lo que con mayor incidencia lo singulariza y lo identifica: nadie es convocado del mismo modo por el Bien y nadie responde igual a esa llamada.[42]

Esta realidad inconstante, pero unificada por un Bien perfecto que la llama y la acoge, es precisamente lo que hizo de las *Confesiones* de Agustín una obra central en la elaboración filosófica de la noción de persona como un ser que comparece ante sí mismo y en el mundo –«región de la desemejanza»–, pero anhelante de una vida de unidad, imagen y semejanza con la trascendencia. El hombre se conoce a sí mismo más como un acto de preguntar que como un acto de identidad; es incapaz de ofrecer una narrativa completa que dé sentido a su vida, pues lo que encuentra es solo una serie de símbolos que anuncian una promesa de sentido pero que no son propiamente el sentido ya efectuado. «No estoy ahí para mí mismo sino para Dios –señala Rowan Williams–, conocerme a mí mismo verdaderamente es conocer a un sujeto hablante que

[40] Gregorio de Nisa, *Vida de Moisés.* Trad. de T. H. Martín y F. J. Molina. Salamanca: Ediciones Sígueme, 2018, II, 255.

[41] Cfr. Edmund Husserl, *Ideas I, op. cit.*, p. 170; *Meditaciones cartesianas, op. cit.*, p. 5.

[42] Cfr. Jean-Louis Chrétien, *La llamada y la respuesta.* Trad. de J. A. Sucasas. Madrid: Caparrós, 1997, y Emmanuel Housset, *op. cit.*, p. 421.

intenta, con la palabra y la imaginación, poner en palabras la ausencia [...], la ausencia de un sí mismo definido».[43]

Hemos intentado hacer ver que esta constatación no anuncia la carencia de unidad en la vida personal como su naturaleza o como su destino definitivo, pero sí implica de algún modo que la existencia humana se constituye existencia personal cada vez que comparece ante sí misma bajo la forma de la aventura, en una constante y permanente salida de sí, que no ocurre solamente hacia adelante –como en Filipenses o en Gregorio de Nisa, según la cual la persona va al exterior en un movimiento expresivo y actualizante–, sino que la persona va constantemente fuera de sí. El futuro que busca el anhelo (*appetitus* en latín, o *epithymía* en griego) no forma parte de la horizontal del tiempo mundano, sino que de alguna forma ya participa de una extratemporalidad capaz de constituir mundo y capaz de constituir tiempo: «la temporalización –señala Lacoste– es una trascendencia: no solamente una salida hacia fuera de sí mismo (lo que es el caso para toda intencionalidad, sin que su dimensión temporal haya de ser tomada en consideración), sino una salida fuera del presente, un exceso de la "presencia del presente"».[44]

Este exceso exhibe que solo conocemos la mitad de la palabra que nos permitiría nombrarnos a cabalidad, pues los nombres solo nombran oblicuamente ese singular relacional que está permanentemente excediendo la habitación que es para sí mismo. La palabra que permite al ser humano decir su nombre es solo un símbolo que le da la mitad de la solución del enigma, pues permite indicar su naturaleza y decir la libertad que está todavía aún por venir. La otra parte del símbolo tiene que ver con la palabra que le nombra y que le llama, que dice su nombre y que, en ese decir, dota de sentido a la identidad relacional que se exhibe como drama en la aventura temporal. Por ello es posible que la expresión de Agustín tenga un sentido no necesariamente metafórico, que trascienda el espacio y que también trascienda el tiempo.

Abreviaturas de las obras de san Agustín

an. quant.— La dimensión del alma
beata u.— La vida feliz
conf.— Confesiones
diu. qu.— Ochenta y tres cuestiones diversas
ep.— Cartas
s.— Sermones
trin.— La Trinidad
uera rel.— La verdadera religión

[43] Rowan WILLIAMS, «Time and Self-Awareness in the Confessions en itálicas», *op. cit.*, p. 5.

[44] Jean-Yves LACOSTE, *Note sur le temps, op. cit.*, p. 24.

Referencias bibliográficas

Agustín de Hipona, *Cartas.* Trad. de L. Cilleruelo. *Obras completas VIII.* Madrid: Biblioteca de Autores Cristianos, 1995.

Agustín de Hipona, *Confesiones.* Trad. de A. Custodio. *Obras completas II.* Madrid: Biblioteca de Autores Cristianos, 2005.

Agustín de Hipona, *La dimensión del alma.* Trad. de E. Cuebas. *Obras completas III.* Madrid: Biblioteca de Autores Cristianos, 2009.

Agustín de Hipona, *Ochenta y tres cuestiones diversas.* Trad. de T. C. *Obras completas XL.* Madrid: Biblioteca de Autores Cristianos, 1995.

Agustín de Hipona, *Sermones.* Trad. de P. de Luis. *Obras completas VII.* Madrid: Biblioteca de Autores Cristianos, 1985.

Agustín de Hipona, *La Trinidad.* Trad. de L. Arias. *Obras completas V.* Madrid: Biblioteca de Autores Cristianos, 2006.

Agustín de Hipona, *La verdadera religión.* Trad. de V. Capanaga. *Obras completas IV.* Madrid: Biblioteca de Autores Cristianos, 2011.

Agustín de Hipona, *La vida feliz.* Trad. de V. Capanaga. *Obras completas I.* Madrid: Biblioteca de Autores Cristianos, 1994.

Barbaras, Renaud, *Introducción a una fenomenología de la vida. Intencionalidad y deseo.* Trad. de J. M. Ayuso. Madrid: Ediciones Encuentro, 2013.

Chrétien, Jean-Louis, *La llamada y la respuesta.* Trad. de J. A. Sucasas. Madrid: Caparrós, 1997.

Depraz, Natalie, «Saint Augustin et la méthode de la réduction». En: Caron, Maxence (dir.), *Saint Augustine.* París: Les Éditions du Cerf, 2009.

Dubreucq, Éric, *Le coeur et l'écriture chez saint Augustine. Enquête sur le rapport à soi dans les «Confessions».* París: Presses Universitaires du Septentrion, 2003.

Foucault, Michel, *Hermenéutica del sujeto.* Trad. de H. Pons. México: Fondo de Cultura Económica, 2002.

García-Baró, Miguel, *Del dolor, la verdad y el bien.* Salamanca: Ediciones Sígueme, 2006.

Gregorio de Nisa, *Vida de Moisés.* Trad. de T. H. Martín y F. J. Molina. Salamanca: Ediciones Sígueme, 2018.

Henry, Michel, *L'essence de la manifestation.* París: Presses Universitaires de France, 1963.

Henry, Michel, *Incarnation. Une philosophie de la chair.* París: Seuil, 2000.

Housset, Emmanuel, *La vocation de la personne. L'histoire du concept de personne de sa naissance augustinienne à sa redécouverte phénoménologique.* París: Presses Universitaires de France, 2007.

Husserl, Edmund, *Ideas relativas a una fenomenología pura y una filosofía fenomenológica. Libro primero: Introducción a la fenomenología pura (Ideas I).* Trad. de A. Zirión. México: Fondo de Cultura Económica, 2014.

Husserl, Edmund, *Ideas relativas a una fenomenología pura y una filosofía fenomenológica. Libro segundo: Investigaciones fenomenológicas sobre la constitución (Ideas II).* Trad. de A. Zirión. México: Fondo de Cultura Económica, 2005.

Husserl, Edmund, *Investigaciones lógicas II.* Trad. de J. Gaos y M. García-Morente. Madrid: Alianza Editorial, 2002.

Husserl, Edmund, «La fenomenología pura, su ámbito de investigación y su método». Trad. de A. Zirión. En: Husserl, Edmund, *Textos breves 1887-1936.* Salamanca: Ediciones Sígueme, 2019.

Husserl, Edmund, *Lecciones de fenomenología de la conciencia interna del tiempo.* Trad. de A. Serrano de Haro. Madrid: Editorial Trotta, 2010.

HUSSERL, Edmund, *Meditaciones cartesianas.* Trad. de J. Gaos y M. García-Baró. México: Fondo de Cultura Económica, 2005.

HUSSERL, Edmund, *Zur phänomenologischen Reduktion, Texte aus dem Nachlass [1926- 1935], Husserliana XXXIV.* Dordrecht: Kluwer Academic Publishers, 2002 [Traducción francesa: *De la réduction phénoménologique. Textes posthumes (1926-1935).* Trad. por J-F. Pestoreau y M. Richir. Grenoble: Jerôme Millon, 2007].

LACOSTE, Jean-Yves, *Note sur le temps.* París: Presses Universitaires de France, 1990.

LACOSTE, Jean-Yves, *Experiencia y Absoluto.* Trad. de T. Checchi. Salamanca: Sígueme, 2010.

MARION, Jean-Luc, *Au lieu du soi. L'approche de Saint Augustine.* París: Presses Universitaires de France, 2008.

MARION, Jean-Luc, *De surcroît.* París: Presses Universitaires de France, 2001.

MARION, Jean-Luc, *Etant donné. Essai d'une phénoménologie de la donation.* París: Presses Universitaires de France, 1997.

PLATÓN, *Diálogos* (8 vol.) Varios traductores. Madrid: Editorial Gredos.

ROMANO, Claude, *El acontecimiento y el mundo.* Trad. de F. Rampérez. Salamanca: Sígueme, 2012.

SÁNCHEZ MUÑOZ, Rubén, «El problema del hombre en la fenomenología de Husserl». *Valenciana* [Guanajuato], 21/1, 2018, pp. 289-312.

STEINBOCK, Anthony J., *Home and Beyond. Generative Phenomenology after Husserl.* Evanston: Northwestern University Press, 1995.

VANNIER, Marie-Anne, *Creatio, conversio, formatio chez saint Augustin.* Friburgo: Éditions Universitaires, 1997.

VENEBRA MUÑOZ, Marcela, *La reforma fenomenológica de la antropología.* Bogotá: Editorial Aula de Humanidades/Editorial Bonaventuriana, 2017.

WILLIAMS, Rowan, *On Augustine.* Londres/Nueva York: Bloomsbury, 2016.

Diego I. ROSALES

NIETZSCHE'S TRAGIC PHILOSOPHY ON GOD'S MURDER AS ANTHROPOLOGY

Juan Manuel ESCAMILLA GONZÁLEZ ARAGÓN

University of Sussex
juanmescamilla@gmail.com
N.º ORCID: 0000-0002-7657-2756
DOI: 10.60940/comprendrev26n1id427366
Article rebut: 08/02/2023
Article aprovat: 20/09/2023

Abstract

This article evaluates Nietzsche's tragic philosophy on the death of God. The forefather of modernist radical humanism, Nietzsche put Jesus' historical crucifixion at the center of philosophy to exile the notion of a transcendent God from philosophy. Meanwhile, discarding theology as metaphysics and replacing it with an anthropology of how human persons become divinized, Nietzsche contributed to unearthing the scapegoating mechanism as a god-making device at the center of human culture. Nietzsche's focus on the murder of God, rather than Their death, suggested René Girard's martyrdom's crucial role in the foundation and the preservation of culture. Following Girard, I read the madman's parable of God's death in *The Joyous Science* alongside paragraph 1052 of *The Will to Power*, where Nietzsche recognized that the difference between Dionysos and the Crucified can only be seen clearly from the perspective of Calvary.

Key words: philosophical anthropology, metaphysics, Nietzsche, martyrdom, mimetic theory.

1. Introduction

After centuries of colonising the world under the pretext of spreading the true faith, European Christianities now appear to traverse a secular age of widespread religious indifference. Nixey laments that the early Christian temples of Antiquity were raised upon the ruins of the Greco-Roman temples ransacked by the fanaticism of rising Christians once they stopped being scapegoated and adopted the standpoint of persecutors instead.[1] Soon enough, their theological disputations fuelled heretics' hunts. In contrast, churches in our secular age are being discretely repurposed rather than destroyed by the iconoclastic passions of ransacking mobs. Frequently, churches are sold to compensate for clerical abuses. As the modernist theologian and champion of the Gospel's demythologisation Rudolf Bultmann famously pointed out,[2] the spiritual teaching of the Scriptures seemed outdated in the XX century. It appeared impossible to believe in «the spirit and wonder world of the New Testament» in an age of electricity and radio.[3] Over a century has passed since the demise of the prophet of God's death, Nietzsche. In the eyes of Albert Camus, Nietzsche, a forefather of literary and theological modernism, found God «dead in the soul of his contemporaries».[4] Now, the triumph of secularism appears almost complete in a Europe that spread Christianity worldwide. Now that the secularisation hypothesis is being challenged, noting that secularisation as the decline of religious institutions' public and private authority occurred simultaneously as a religious revival marginal to established religions during the twentieth century,[5] Nietzsche's prophecy seems to us as something that is long ago fulfilled. The challenge to the secularisation thesis appears to offer no more than archaeological interest in a post-metaphysical epoch. Metaphysics' anthropological turn led to Nietzsche's formulation of God's death as a prophecy of our «secular age»[6] of radical or exclusive humanism, artificial intelligence and nuclear power.

God may be dead, but philosophical theology dies hard. The formulation of the death of God philosophical theology, at the heart of modern religious and philosophical normative and epistemic crises, is as closely related to the rise of secular, radical humanism as it is to the simultaneous religious revival of the nineteenth and twentieth centuries. The death of God problem, first stated by Hegel, is unprecedented in the earlier philosophical tradition. For instance, premodern scholastics clearly distinguished between philosophy, a rational endeavour, from revealed theology, which required reason but could not be attained by reason alone. As any scholastic would have, Thomas Aquinas considered Christian mysteries beyond the grasp of natural reason and, therefore, beyond philosophical elucidation.[7] Unlike metaphysical topics, such as

[1] Cf. Catherine Nixey, *La edad de la penumbra: Cómo el cristianismo destruyó el mundo clásico.* Madrid: Taurus, 2018, pp. 125-128.

[2] Cf. Rudolf Bultmann, *New Testament and mythology and other basic writings.* Minneapolis: Fortress Press, 1984.

[3] Cf. *Ibid*, pp. 3-4.

[4] Albert Camus, *The rebel: An essay on man in revolt.* New York: Vintage Books, 1991, p. 34.

[5] Cf. Pericles Lewis, *Religious experience and the modernist novel.* Cambridge: Cambridge University Press, 2010, p. 28.

[6] Cf. Charles Taylor, *A Secular Age.* Boston: Harvard University Press, 2009, p. 19.

[7] Cf. Thomas Aquinas, *Summa Contra Gentiles. On the Truth of the Catholic Faith. Book One: God.* New York: Image Books, 1955, II, § 2.

God's existence, simplicity, or unity, which Thomas Aquinas considered preambles of faith proven by natural reason, the Christian mysteries ensuing from God's Incarnation – the central Christian tenet – had conventionally been addressed within the realms of the ecclesial magisterium and revealed theology.[8] Žižek has remarked on the centrality of Hegel's role in the metaphysical tradition.[9] By heeding the Incarnation from a metaphysical standpoint, Hegel's Absolute idealism denotes «a clear break between before and after, and (...) one can argue that Hegel already announces this break».[10] Subjecting God's death to philosophical inquiry, Hegel had to develop an apt framework for the inquiry and tragedy offered to him its *catharsis* and *theoria* on dying gods. Parting from Hegel's revalorisation of tragedy, Nietzsche's philosophy on God's murder is the ripest fruit of Hegel's tragic philosophy.

The present article evaluates Nietzsche's tragic philosophy at the heart of Modernity, Modernism, and Postmodernity's religious and philosophical crises. My analysis will show that the German philosophy of the nineteenth century, responding to Kant's transcendental idealism, did not exile God from philosophy, as the modernist radical humanists would do in their turn during the twentieth century. Instead, following Hegel, Nietzsche put Christ, and Christ on the Cross, at the centre of philosophy, thus developing an anthropological tragic philosophy that seems more suited than the previous metaphysical tradition to evaluate the impact of the Christian revelation in history. Ironically, the modern evaluation of Christ, Christianity and Christendom in the philosophical discourse reflects the secularisation brought about by an increasingly generalised persuasion that the Judeo-Christian Scriptures constitute but another myth, like those conveyed by the rest of the sacred scriptures. Regarding the sacred texts as literature that could provide scenery for our rituals, whether religious or secular, allows for the sobriety of a scientifically oriented, philosophical approach when discussing philosophical, rather than revealed, theology. From an exclusively anthropological standpoint, post-metaphysical theologies are but discussions about the ideal projection of humanity.

The tension surging from the rivalry between a strictly philosophical account of the secularisation of Christianity, like Kant's or Hegel's, and the tragic, and therefore, anti-sacrificial and religious dimension of the Christian narrative of history was perceived by no one more acutely than Nietzsche. Hegel impelled philosophy towards heeding the rumour of God's death. He had sought philosophy's coming to terms with

[8] The doctrinal disputation of such mysteries as Christ's double nature, the Trinity, Jesus' death, descent into hell, resurrection, and ascension, or the coming of the Holy Spirit had been previously mostly discussed amongst theologians and their disputes gave rise to various doctrinal definitions promulgated throughout several councils.

[9] Cf. Slavoj Žižek & John Milbank, *The Monstrosity of Christ: Paradox or Dialectic?*, edited by Creston Davis. Cambridge: MIT Press, 2009.

[10] *Ibid.*, p. 26.

the «historic Good Friday» by the formulation of the «speculative Good Friday».[11] Building upon Hegel's tragic philosophy, Nietzsche stressed the murder, rather than the death, of God. He introduced this metaphor as a moment of a more comprehensive process, which was his concern: the rise of the overman and its overcoming of nihilism. In this respect, I understand Nietzsche's philosophical wager for radical humanism as the prophecy of nihilism and its overcoming by a new type of human person – one without recourse to God. However, due to his familiarity with myths and the Gospels, he also recognised the founding murder as a moment in the formation and preservation of human communities. In so doing, he turned theology into anthropology, following Feuerbach.[12] Conceiving the overman as a model of the new and consciously human-made god, Nietzsche seems to have considered a human self-fashioning akin to classical virtue ethics. However, I will argue that Nietzsche's philosophical explorations of sacrifice as an element crucial to all religions and civilisations, and of the opposition he recognised between the Crucified and Dionysos in particular, helped Rene Girard's mimetic theory unearth the violent consequences of resentment politics, the scapegoat mechanism's economy of violence, and their sacrificial deviated transcendency.[13] Nietzsche's anthropological considerations on sacrifice – whether secular or religious – attempted to revindicate the heroic values and sacrificial economy of violence transvalued by Christianity. However, Nietzsche's tragic philosophy, which decries historical Christianity's weaponizing of Jesus' Cross, may indirectly make a point in favour of reinstating the economy of violence employed by the traditional sacrificial model of archaic or pre-axial religions as a more cautious solution to mimetic rivalry than the alternative unresentful opposition of the Crucified unresentful victim to scapegoating and human sacrifice, which stands for the post-traditional sacrificial model promoted by axial religions.

Despite all his arguments against peace and in favour of war's natural necessity and «war as a remedy»,[14] most of which ought to be read considering his conception of life as struggle inspired by Greek tragedy and its aristocratic ideals,[15] Nietzsche did not seem

[11] Georg Wilhelm Friedrich Hegel, *Faith and Knowledge: An English Translation of G.W.F. Hegel's Glauben Und Wissen*. New York: State University of New York Press, 1977, p. 190.

[12] Cf. Ludwig Feuerbach, *The Essence of Christianity*. Buffalo: Prometheus Books, 1989.

[13] René Girard developed the concept of «deviated transcendence» in his works such as *Violence and the Sacred* and *Things Hidden Since the Foundation of the World*. Cf. René Girard, Jean-Michel Oughourlian, Jean-Michel & Claude Lefort, *Things Hidden since the Foundation of the World*. Redwood City: Stanford University Press, 1978. There, Girard argues that human societies use religion and other forms of symbolic or cultural systems to deflect and channel violent impulses away from the community and onto designated scapegoats.

[14] Friedrich Nietzsche, *Human, all too human: A book for free spirits*. Cambridge: Cambridge University Press, 1996, II, § 187.

[15] Cf. George Burman Foster, «Nietzsche and the Great War». *The Sewanee Review* [Sewanee], 28/2, 1920, pp. 139-151.

to endorse militarism, sheer violence, nor the rule of repressive elites or warlords. Instead, he seemed to live by and promote the type of aristocratic virtue ethics that reminds us of Aristotle's ethics concerning virtues' cultivation. When he participated in the Franco-Prussian war, he did not serve as a soldier but as a medical orderly.[16] However, Nietzsche often spoke at odds with how he lived. It has been remarked that Nietzsche was as much anti-Semitic as he opposed antisemitism.[17] A contemporary reading of his oeuvre reveals that his hyperbolic stylistic excesses have been sadly too literally interpreted by the Nazi regime as an ideology promoting crude genocidal warlords; few, like Rene Girard, oppose the «pious efforts to exonerate the thinker from the consequences of his own thinking».[18] The now standard reading of Nietzsche makes a strong case for his disassociation from such scapegoating phenomena as the *Shoa*. Despite having established an uneasy relationship with Christianity and Judaism, Nietzsche's admiration for the historical Jesus, paradoxid as it was, cannot be eclipsed. Moreover, Nietzsche's Christocentric philosophy would be impossible to grasp without the comparative background of the classical myths and the Judeo-Christian Scriptures.

The last books have a taste of testament. Nietzsche's *Anti-Christ*, his last book prepared for publication, offers one of the most sober and conventional renditions of his ideas.[19] It provides a secure footstep as an introduction to Nietzsche's tragic philosophy. As it transpires in *Anti-Christ*[20] and *On the Genealogy of Morality*,[21] Nietzsche broadly follows the Hegelian model of a historical narrative of Christianity's self-undoing, albeit interpreted differently. In *Anti-Christ*, for instance, when Nietzsche explains the transvaluation of the ancient world's values operated by Judaism and made far-reaching by Western Christendom, he bitingly remarks on the extent to which his contemporaries do not realise the length to which their antisemitism is a consequence of the development of Judaism to its radical denial of this world's masters' values.[22] In the Judeo-Christian fundamental opposition to human sacrifices, Nietzsche appreciates the workings of *ressentiment*, «the interiorisation of weakened vengeance»[23] exerted against master morality. The case Nietzsche makes against the historical closely knitted

[16] Cf. Rüdiger Safranski, *Nietzsche: A Philosophical Biography*. New York: W.W. Norton & Company, 2002, p. 67.

[17] Cf. Robert C. Holub, *Nietzsche's Jewish Problem. Between anti-Semitism and anti-Judaism*. New Jersey: Princeton University Press, 2015.

[18] René Girard, *The Girard Reader*, edited by James G. Williams. New York: The Crossroad Publishing Company, 1996, p. 251.

[19] Cf. Friedrich Nietzsche, *Anti-Christ*. In: *Anti-Christ, Ecce Homo, Twilight of the Idols and Other Writings*. Cambridge: Cambridge University Press, 2005.

[20] Cf. *Ibid.*

[21] Cf. Friedrich Nietzsche, *On the Genealogy of Morality*. Indianapolis: Hackett Publishing, 1998.

[22] Cf. Friedrich Nietzsche, *Anti-Christ, op. cit.*, § 24.

[23] René Girard, *The Girard Reader, op. cit.*, p. 252.

strands of Neoplatonic and Pauline interpretations of Christianity springs from his contempt for the divorce from earth with which he charges its doctrine, which, in turn, sacrifices life on the altar of a promised eternal otherworldly life and its priestly imposition of the bad conscience of conceiving ourselves as sinners. He also holds against Christendom its hypocrisy for not living to Christ's anti-sacrificial standards and, instead, enacting violent politics of resentment.

After this brief general exposition of Nietzsche's salient ideas, I will close read the parable of the madman in *The Joyous Science*[24] from a Girardian perspective. Interpreting the madman's radical humanism, I will argue that Nietzsche's central concern in this passage is the collective murder of all too human gods as the foundational sacrifice of religions, which steered him to his illuminating opposition between Dionysos and the Crucified in his polemic posthumous book *The Will to Power*.[25] Due to the revalorisation of values Nietzsche stood for, he developed a sensibility for comparative theologies – and, therefore, anthropologies. Nietzsche's revalorisation of classical values, first prompted by aesthetic considerations in *The Birth of Tragedy*,[26] led him next to consider the overcoming of Christianity as morality in *On the Genealogy of Morality*[27] and, at last, to compare, in *The Will to Power*, two opposing interpretations of founding murders – those of Dionysos and the Crucified. Nietzsche's posthumous book holds the key to the centrality of sacrifice for religion and of the Crucified in deciphering the scapegoat mechanism on which the foundation and preservation of religion and culture depend in a traditional sacrificial model of civilisation.

2. The madman's radical humanism Gospel

Parting from a close reading of one of the most celebrated passages of philosophy's history, penned by Nietzsche, I will now discuss his philosophical theology on God's murder – and how, for him, it inaugurates a path towards humanity's self-divinisation, thus deriving an anthropology from his naturalistic approach to comparative mythology. In Nietzsche's tragic philosophy, God's murder reveals an alternative anthropo-

[24] Cf. Friedrich NIETZSCHE, *The Joyous Science*. London: Penguin Books, 2018.

[25] Cf. Friedrich NIETZSCHE, *The Will to Power*. New York: Vintage Books, 1968. The current scholarly understanding is that Nietzsche's sister transmogrified Nietzsche's philosophical legacy. The philosopher's sister, Elisabeth Förster-Nietzsche, curated and edited Nietzsche's manuscripts. She secured her late brother's rights, withheld some unpublished works, and rewrote them before editing and publishing them, often forging sections expressing ideas at odds with Nietzsche's. She distorted Nietzsche's ideas and the readers conception of him. She infamously harboured a Teutonic strand of white supremacy and promoted ideals very near the heart of antisemitic fascists under the guise of her brother. Public access to Nietzsche's manuscripts after her dead has allowed scholars the production of new revised editions without the spurious passages introduced by his sister.

[26] Cf. Friedrich NIETZSCHE, *The Birth of Tragedy and Other Writings*. Cambridge: Cambridge University Press, 1999.

[27] Cf. Friedrich NIETZSCHE, *On the Genealogy of Morality*, *op. cit.*

logic model for humanity's life to the one offered by Christianity. The passage of «The Madman» in *The Joyous Science*,[28] to take the most famous instance of Nietzsche's position on God's death, echoes Greek philosophy and the Judeo-Christian Scriptures as much as traditional Christian theology does. The madman carrying a lamp in plain daylight alludes to Diogenes of Sinope.[29] However, the madman also mirrors the prophet Elijah's mockery of Baal's priests amidst a ritual animal and human sacrifice contest. Where else could the self-declared philosophical «hammer of idols» who attempted to shatter Christianity's «hangman's metaphysics» acquire his distinctive tool for testing and shattering sacrificial false transcendences?[30] More so than by philosophy, the demythologisation of the Ancient polytheistic theologies was brought about by the fundamental Abrahamic distinction between the transcendence of the monotheistic God and the intra-historical false horizontal or deviated transcendency of the idols. YHWH or Allah's worship not only prohibits that of other gods but demands the intellectual acquiescence of their condition of false gods – mere idols (Ex 20:3). In Elijah's mockery of Baal's worship, parallel to the madman's tone and demythologising preaching, the idol is shattered and brakes in anthropomorphic pieces: «Cry aloud, for he is a god. Either he is musing, or he is relieving himself, or he is on a journey, or perhaps he is asleep and must be awakened» (1 Ki 18:27). Nietzsche's allusion to Elijah's God's triumph over Baal reveals what is at stake in this passage. It is not only about a rivalry amongst conceptions of divinity but about the centrality of the sacrifices' deviated transcendence in forming religions and preserving civilisations. Nietzsche's philosophy of God's murder discusses the founding murder of all civilisations from which, by its ritualisation, cultures spring. It is a discussion on which sacrifices are necessary and, therefore, a matter of anthropology as much as theology.

Girard's distinction between vertical and horizontal transcendence is illuminating in this respect. He first developed it in *Deceit, Desire, and the Novel.*[31] Horizontal tran-

[28] Cf. Friedrich Nietzsche, *The Joyous Science, op. cit.*

[29] Amongst other happenings whereby the cynic philosopher rebuked other philosopher's doctrines, mocking Plato's intelligible realm, he once carried a lamp in plain daylight searching for the authentic man among his neighbours. Diogenes Laertius tells us in his *Lives and Opinions of Eminent Philosophers* VI, § 6: «Having lighted a candle in the day time, he said, "I am looking for a man"». Diogenes Laertius, *The Lives and Opinions of Eminent Philosophers.* London: Bohn's Classical Library, 1853.

[30] Cf. Friedrich Nietzsche, *Twilight of the Idols.* In: *Anti-Christ, Ecce Homo, Twilight of the Idols and Other Writings.* Cambridge: Cambridge University Press, 2005, The Four Great Errors, § 7. Aside from Heraclitus, Plato, and Lucretius, Nietzsche has been one of the most accomplished philosophical writers due to his provocative employment of literature to articulate and illustrate his thought. Following Hegel's attempt to develop a new language to discuss God, Nietzsche resorted to classical and scriptural literary models. Besides those offered by the Scriptures – especially the passion cycle – Nietzsche investigated the Greek tragedies inspired by the myths that carried the poets' theology in search of literary models for the development of a new language to discuss God. There, Nietzsche – a psychologist suspicious of supernatural explanations – found two alternative and opposing moral valuations.

[31] Cf. René Girard, *Deceit, Desire, and the Novel: Self and Other in Literary Structure.* Baltimore: Johns Hopkins University Press, 1965.

scendency is a matter for metaphysics and mystical theology concerning God's Being's separateness from being – how They infinitely exceed Being beyond any possible category knowable to human reason. False transcendence denotes the diversion of that glory to any being. Girard also calls false transcendence "horizontal" since it deviates divine glory to a finite being. Girard approached this distinction from the vantage point of desire. Whereas God is the ultimate object of human desire, what characterises horizontal transcendency is the deviation of the desire for God into another object. To explain how desire is always mimetic, shaped by a model, he compares it to the vanishing point in visual arts. The focal point is that point in the distance where parallel lines seem to converge. Christianity, Girard claims,

> directs existence toward a vanishing point, either toward God or toward the Other. Choice always involves choosing a model, and true freedom lies in the basic choice between a human or a divine model. The impulse of the soul toward God is inseparable from a retreat into the Self. Inversely the turning in on itself of pride is inseparable from a movement of panic toward the Other.[32]

In line with the Biblical derision of idolatry, false transcendency is also called «deviated» since it improperly attributes beings a feature of God's Being beyond Being. In that respect, the study of the choice between vertical and deviated transcendency concerns (philosophical) anthropology and ethics.

The God-seeking madman's confrontation of the positivists, «who did not believe in God», is received by them with the same ironic amusement that Elijah reserved to Baal's priests: «"Is He lost?", asked one. "Did He wander off like a child?", asked another. "Or is He hiding? Is He afraid of us?" "Has He gone to sea? Has He emigrated?"».[33] Nietzsche's worshipers of science, more refined and prudish than Elijah, making a scatological remark concerning the divine digestion of an inexistent god, refer to a type of end of times: that of a god's worship due to the lack of belief in it. The positivists are talking about the twilight of the idol who had defeated the idols. They refer to the death of the aged Christian God. Like Kant, they are adults in an age of reason. Their atheistic persuasion that there is no God resembles Elijah's derision of Baal. In the positivists' response, Nietzsche aptly retains the apocalyptic language of the idols-shat-

[32] *Ibid.*, pp. 58-59.

[33] Friedrich Nietzsche, *The Joyous Science*, *op. cit.*, § 125. Such ironic analogies between God and men reveal the disbelief in an anthropomorphic God of modern people. It reminds of the scorn with which Dionysius the Areopagite discredits those who make idols out of the images that the Scripture uses to talk about God without interpreting them allegorically, at the *Divine names* or the beginning of the *Celestial Hierarchy*. For instance: «We cannot, as mad people do, profanely visualize these heavenly and godlike intelligences as actually having numerous feet and faces. They do not have the curved beak of the eagle or the wings and feathers of birds…». Pseudo-Dionysius, *Celestial Hierarchy*. In: *The complete works*. Mahwah: Paulist Press, 1987, II, 137A.

tering prophet. These rhetorical questions allow the madman to declare his sacrificial catechism: not only is God dead, but «*We have killed Him* – you and I! We are all His murderers!».[34]

While Nietzsche is generally held to have been the prophet of God's death, the novelty of his utterance lies in stressing *our* active role in God's *murder*, which the madman emphasises employing anaphors that insist on the necessity of deriving rituals from the modern mob's lynching of God:

> God is dead. God remains dead. And we have killed him. How shall we, the murderers of all murderers, comfort ourselves? What was holiest and most powerful of all that the world has yet owned has bled to death under our knives. Who will wipe this blood off us? What water is there for us to clean ourselves? What festivals of atonement, what sacred games shall we have to invent?[35]

Nothing about the announcement of God's death ought to be shocking for the positivists the madman is addressing. Insofar as they are atheists, they do not believe in God. For them, naturalists, God died of old age when its lost explanatory role rendered its postulation unnecessary; as for an actual transcendent God, nothing like that has ever existed since there is only matter. What is perplexing, then, is that the blame for God's *murder* falls immediately at the positivists' feet. It is more outstanding to see that the God-seeker prophet also partakes in the blame next.

Reading this passage, we are also implied in God's lynching violent mob. Absorbed into the first-person plural, «we» are revealed as «murderers of all murderers». It is «our knives» that sacrificed God. After God's sacrifice, the question of atonement immediately follows: «what sacred games shall *we* have to invent?». That these sacred games erected to clean us from the blood stains and restore order are of human invention is, then, pressed upon the positivists and us in the query. The madman's gory preaching of God's murder employs a religious vocabulary to deal with the central concern of all historical religions: the sacrifice of dying and resurrecting gods, the subject matter common to origin myths and persecution texts. The unbelievable accusations, the mob's undifferentiation, the persecution of a scapegoat and a horizon for the re-differentiation, the themes common to origin myths and persecutory texts, are present in this passage.[36] The adoption of tone and chosen vocabulary of Nietzsche's famous parable is generally held to be merely a rhetorical style to convey the modern loss of the supernatural and the fleetness of religious cults and civilisations with particular reference to the Christian God's death of old age, a prophecy of nihilism's rise because of

[34] Friedrich NIETZSCHE, *The Joyous Science*, *op. cit.*, § 125.

[35] *Ibid.*

[36] Cf. René, GIRARD, «Interview: René Girard». *Diacritics* [Baltimore], 8/1, 1978, p. 40.

this historical process and its future overcoming by the overman. I will contend, with Girard, that besides these commonly identified topics, Nietzsche's development of a philosophy on God's murder reveals the Passion cycle as a true myth that deciphers the scapegoating mechanism, despite Nietzsche's rejection of what it stands for and his wager for radical humanism.

3. The historical Jesus, the Anti-Christ and self-fashioning

For Nietzsche, who thought of the afterlife as a lie, the historical Jesus' murder – rather than Christ's – meant that: «The one God and the one son of God: both are products of *ressentiment* . . .».[37] For Nietzsche, Jesus denied that «there was any gap between God and man» and «*lived* this unity of God as man».[38] I do not take this assertion to be a confession of faith but a mere rendition of the fundamental content of Jesus' preaching. Nietzsche offers this doctrine to contrast it with his reading of the disciples' attitude after Good Friday. In Nietzsche's account, the apostles' *ressentiment* for their master's failure to bring about God's kingdom led them to use Jesus' figure to assert and hide their will to power instead of living and dying like him. Luther had identified the Anti-Christ with the papacy; Nietzsche would associate historical Christendom with the Anti-Christ. Nietzsche suggests that had the disciples interpreted Jesus' teachings earnestly, they would have imitated Jesus by dying with him:

> But his disciples were far from being able to *forgive* this death – which would have been evangelical in the highest sense; or even more, from *offering themselves up* for a similar death in the sweet and gentle calm of the heart . . . *Revenge* resurfaced, the most *unevangelical* feeling of all.[39]

That «forgive» and «offering themselves up» are stressed in the original, and opposed to their counterparts, «unevangelical» and «revenge», is significant. They signify two radically different moral valuations which stand for opposing types of morality, as Nietzsche progressively notes. That Christendom has failed to resist the unchristian resentment that leads to revenge was nowhere more clearly expressed than in Nietzsche's philosophy, which recognised in resentment the *actual motive* of Christianity's institutionalisation. According to Nietzsche, Jesus' disciples, who did not forgive him for his death, interpreted it oppositely to Jesus' teachings. Nietzsche charges early

37 Friedrich Nietzsche, *Anti-Christ, op. cit.*, § 40. As so many of Jesus' fellow Jewish contemporaries, some of which make their case in the Gospel, where their position is rebutted.

38 *Ibid.*, § 41.

39 *Ibid.*, § 40.

Christians for having found a justification for their *odium theologicum* in the Cross – especially Paul.[40]

The theological polemics of Christians on the definition and valuation of Christ and Christianity, from the early Jerusalem's council, dominated by Paul's party, to the present, have fuelled uncountable feuds, some of which have scaled to the persecution of non-Christians and «heterodox» Christians alike, leading to factionalist schisms and religious wars. Nietzsche accuses Jesus' disciples, the founders of the Church, of weaponizing Christianity against their enemies, thus asserting their vengeance in a hypocritical imitation of the Sanhedrin who condemned Jesus. For Nietzsche, who distinguished between facts and interpretations, his disciples did not understand Jesus' death: they used it as an excuse to conceal their will to power. Unlike them, Nietzsche asserted, «there was really only one Christian, and he died on the cross», and that is the only «*true* history of Christianity».[41] Therefore, for Nietzsche, the Christians' history is that of the Antichrist.

According to Nietzsche's narrative, Paul ascribed the doctrine of the soul's immortality to Jesus' preaching, which he interpreted from the vantage point of Christ's resurrection, associated with the resurrection of the dead in the flesh: «And if Christ has not been raised, our preaching is worthless, and so is your faith» (1 Cor 15:14). Against Paul, Nietzsche denounces Paul and the apostles for making the most pagan interpretation of Good Friday and against the true meaning of Jesus' Gospel of the equal right of all men to be sons of God. To the Pauline soteriological doctrine that God gave his innocent Son as a sacrifice for the forgiveness of the sins of the guilty, Nietzsche interjects: «What gruesome paganism!».[42] By separating Jesus from themselves as the Jews had separated their God from their cultural context, the so-called Christians exercised their resentment. Nietzsche departs from Paul's teachings and the Christian mystical tradition ensuing, from Dionysius the Areopagite to Luther and Hegel. Nietzsche interprets Jesus' death as a mere consequence of his anarchistic actions. As his condemnation attests, he died «for his own guilt»,[43] having opposed the hierarchical social, political and religious establishment. Furthermore, in this account, «in fact, Jesus had done away with the very idea of "guilt"»[44] by asserting his doctrine of divine filiation affirmed by the unity of God and men. In Nietzsche's book, the historical Jesus, whom Paul mostly ignored in his preaching, is a nuisance for the Apostle to the Gentiles – unless he is dead and nailed to a Cross. Only then can he preach that Christ was nailed to

[40] Cf. *Ibid.*, §§ 40, 41, 44...

[41] Cf. *Ibid.*, § 39.

[42] *Ibid.*, § 41.

[43] *Ibid.*, § 27.

[44] *Ibid.*, § 41.

the Cross as the sacrificial mediator between God and humans, who resurrected and awaits his followers in the afterlife...

The irony in Nietzsche's departure from Paul is that he is too much of an enemy of Paul not to become Pauline and Christocentric to a certain extent. Whereas Paul conceived the *mysterium iniquitatis* by which the Church, *casta meretrix*, would bring about the Antichrist, Nietzsche identified it nowhere more in its element than in Paul's doctrine. In Nietzsche's eyes, at the outset of the primitive Christian movement, Paul poisoned Christianity. Paul brought about the corruption of Jesus' teachings due to his interpretation of the Cross as the innocent's sacrifice for the guilty. Nevertheless, he was not alone. For Nietzsche, the Gospels «are invaluable testimony to the already inescapable corruption within the first congregation»; «the *opposite* of naïve corruption, they are refinement par excellence, they are psychological corruption raised to an art».[45] With alike craftsmanship and lack of naiveté, Nietzsche had Zarathustra preach his gospel of the self-fashioned god: the overman, the type of person brought about by God's murder.

4. Dionysos vs. the Crucified

Nietzsche's post-moral horizon beyond good and evil is a post-Christian moral horizon. Therefore, Nietzsche is mainly concerned with overcoming Christianity as morality. To that effect, Nietzsche must tame Christian compassion in valuing sacrifice. Since the overman's horizon is post-Christian, it must identify what is Christian to depart from and challenge it with «more noble ideals».[46] In *On the Genealogy of Morals*, Nietzsche proposes a transvaluation of Christian values, as the Cross had caused an inversion of the sacrificial religious orders' values. Once all values are deposed, there remains the value of the devaluer.[47] The aristocratic ethics inspired by classical mythological heroes and gods allow Nietzsche to set a type that he uses as a frame of reference to consider modern European Christian morality and to value the life affirmation behind classical heroic values that shaped the virtue ethics where human life's goal is excellence. In the writings Nietzsche was preparing during his last sane days, he would seek to «overcome everything Christian through something supra-Christian».[48] To that effect, Nietzsche recovered a symbol whose doctrine was opposed by the symbol of the Cross: the Greek God Dionysos, a «mysterious symbol of the highest world-af-

[45] *Ibid.*, § 44.

[46] Friedrich Nietzsche, *On the Genealogy of Morality, op. cit.*, I, § 8.

[47] Cf. Eric von der Luft, «Sources of Nietzsche's "God is Dead!" and its Meaning for Heidegger». *Journal of the History of Ideas* [Philadelphia], 45/2, 1984, p. 275.

[48] Friedrich Nietzsche, *The Will to Power, op. cit.*, § 1051.

firmation and transfiguration of existence that has yet been attained on earth».[49] In this regard, Nietzsche's thought is shaped by the narrative tensions between the models offered by the adversary conceptions of divinity, inspiring Christian saints and mythic heroes.

Nietzsche did not propose regressing to pre-Christian metaphysics and their theologies, nor did he preach the Crucified. As Williams aptly remarks, Nietzsche's investigation of morality was raised by the problem of pity, one of the two emotions that tragedy arises in Aristotle's account of it, and that could be rephrased in the language of Psalm 2:11: fear of God and trembling before Them.[50] In choosing Dionysos' martyrdom as the model of his tragic philosophy over that of the Crucified, Nietzsche endorsed the sort of moral perspectivism inspired by the admission, under polytheism, of the simultaneous existence of incommensurable types of valuation judgments.[51] Nietzsche could not have endorsed any theology as revealed since he criticised such shelters of false transcendence as Platonism, Christianity, and Fatherland. Instead, Nietzsche attempted to cultivate a tragic sensibility inspired by the shocking symbol of Dionysos motionless, destroyed, and devoured in a cannibal banquet that stands against the Eucharist.

Paragraph 1052 of *The Will to Power* contains Nietzsche's most lucid comparison between myths and the Gospels. He presents it as the contrast between two types of religiosities resulting from two adversary conceptions of divinity and deification. Nietzsche considers the *pagan* type of thanksgiving and life-affirmation for which Dionysos stands in opposition to the life-denying decadence Nietzsche attributes to the typical religious man: «Must its highest representative not be an apology for and deification of life?».[52] Nietzsche favours the tragic consciousness that can redeem life's contradictions, affirming even the most brutal suffering. At the same time, he attributes the imitation of the Cross as an escape from this world's suffering into nothingness. Nietzsche presents two rival types of deification that arise from the interpretation given to the meaning of suffering: a tragic or a Christian reading of the meaning of sacrifice:

> Dionysus versus the «Crucified»: there you have the antithesis. It is not a difference in regard to their martyrdom – it is a difference in the meaning of it. Life itself, its eternal fruitfulness and recurrence, creates torment, destruction, and the will to annihilation. In the other case, suffering – the «Crucified as the innocent one» – is an objection to this life,

[49] *Ibid.*

[50] Cf. Robert R. Williams, *Tragedy, recognition, and the death of God: studies in Hegel and Nietzsche.* Oxford: Oxford University Press, 2012, p. 1.

[51] Cf. Eric James Baumann, *«The Spirit is Willing»: T. S. Eliot and English Literary Religion.* [PhD Thesis, University of Michigan, 1998].

[52] Friedrich Nietzsche, *The Will to Power, op. cit.*, § 1052.

> as a formula for its condemnation. (…) The god on the Cross is a curse on life, a signpost to seek redemption from life; Dionysus cut to pieces is a promise of life: it will be eternally reborn and return again from destruction.[53]

Whereas Nietzsche seems to refer primarily to the tragic consciousness of life as a struggle when he speaks figuratively of rivalry, war, and power throughout his previous works, the explicit mentions of the collective murder of God in the madman's parable cannot be avoided considering this passage. In both instances, we find literal references to the founding murder. It is essential to realise that, after announcing the fundamental opposition between the Dionysos and the Crucified types, Nietzsche begins by asserting their martyrdom, which both hold in common. They share their condition of victims of a collective murder. Both are scapegoats offered in sacrifice. Both were considered gods and worshipped by their murderers. In synthesis, both were sacrificed humans regarded as gods. In these respects, we discuss the same story in both cases, which Nietzsche reads with the euhemeristic spectacles that recognise humans there where myths talk about gods.

Nevertheless, the meaning of their martyrdom is precisely the opposite: Dionysos stands for the will to annihilate; the Crucified for the will to suffer. Girard has credited Nietzsche with the most nuanced comparison of myths and Gospels, whose «irreconcilable opposition» had not been understood: «Nietzsche is a marvelous antidote to all fundamentally anti-biblical efforts to turn mythology into a kind of Bible».[54] When later positivists confronted the problem of dying and rising gods during the twentieth century, they did not see past the identity in the martyrdom of Dionysos and the Crucified. They found the foundation sacrifice. However, they could not unearth the scapegoat mechanism, as Nietzsche partially did, explaining all founding murders by which communities plagued by the violent consequences of mimetic desire defer the violence of all against one to preserve themselves. As Nietzsche recognised, the Cross has been revealing the scapegoat mechanism for over two thousand years. It has taken all this time for the victim's perspective to triumph against Dionysos, who stands for the eternal return of sacrificial violence in sacrificial religion. The Crucified is the bait that Dionysos, sacrificial religiosity, swallowed. While employing scapegoating, sacrificial religion has preserved and held communities together since the beginning, the Crucified, whose innocence the Gospels affirm, is the radical condemnation of the scapegoat mechanism that depends on the persecutor's unanimous persuasion of the victim's culpability. Opposing the Crucified with Dionysos, Nietzsche recognised that we can only see Mount Olympus clearly from the vantage point of Calvary.

---

[53] *Ibid.*

[54] René Girard, *The Girard Reader, op. cit.*, p. 251.

Nietzsche's exclusive disjunction between the cannibal banquet and the eucharist, irreducible to aesthetics, is correct. It is unnecessary to back Nietzsche's endorsement of the gods-engendering collective murder to admit that, by identifying the scapegoat mechanism at the core of all religious traditions and cultures, Nietzsche went further than moderns in understanding anthropology. In this respect, he reached a lucidity akin to that of a Hebrew prophet or a Father of the Church. Prior to Modernity, the fundamental opposition that Nietzsche saw between Dionysos and the Crucified had already been posited by the Christian tradition, as I will discuss next with reference to Augustine's formulation of their antagonism to offer another instance of Nietzsche's adversary divinities. The Christian doctrine on nonviolence revealing the vital possibility of a Christlike renunciation of ressentiment to the extreme of loving one's enemy has provoked Christians since the beginning. The New Testament attests to this in Jesus forgiving the mob that scapegoated him and in the early Church's conversion narratives. For instance, Paul's conversion narrative in Acts of the Apostles is centred on his realisation that he was partaking in the sacrificial religion's human sacrifice of innocents: «Saul, Saul, why do you persecute me?» (Acts 9:4). That Christians have often failed to live up to the Gospel's doctrine is also attested by the scriptural account of Jesus' radical teachings and demands in contrast with the early Church's life, ripe in rivalries, factionalism, and treason. The parallel narratives of Judas' treason and Peter's denial of Christ, registered by all four canonical Gospels, are two cases in point. In these parallel and opposing narratives, Peter's later conversion is contrasted with Judas' resentment and murderous despair. Like Judas, Peter is first incapable of escaping the mimetic contagion of the collective persecution of Jesus. That Christians have often acted at odds with the Christian doctrine should not shock anyone familiar with the Bible; nevertheless, the Christians' largely failed attempts to emulate Christ have prompted them to distillate a typology of human divinisation or saintliness, which they have contrasted with alternative typologies in the way Nietzsche compares Dionysos and the Crucified.

Before Nietzsche's opposing types of Dionysos and the Crucified, Augustine spoke of two cities being created by two types of love reflecting on original sin and grace: «the earthly by love of self, extending even to contempt of God, and the heavenly by love of God extending to contempt of self».[55] Augustine shaped two models of love, by which the object of desire determines sacrifices ensuing from its consistent pursuit. They both require a type of sacrifice: of oneself or God. Augustine's alternative of loving God may seem exceedingly abstract. It also seems to confirm Nietzsche's idea that Christianity demands giving this world away for another. However, we should consider the Johannine identification of loving the unseen God with loving the visible

[55] Augustine, *The City of God against the Pagans*. Cambridge: Cambridge University Press, 1998, § 28.

other: the neighbour, a sibling in Christ (1 John 4:20). It becomes apparent that Christ's imitation demands more than renouncing this world and its struggles as soon as Augustine's types of community are placed beside the Gospels' account of Jesus' synthesis of the Jewish religious tradition: «This is my commandment: that you love one another as I have loved you» (John 15:12); that is: to the extreme of dead (John 13:1). Martyrdom, as the Christian measure of love and saintliness, is something we should have present in conceiving Augustine's two types of love. Loving God does not preclude from loving the other; all the contrary, it makes it more urgent. As Nietzsche argues, Christianity as morality inverts the world's values, which are those of the master. Under this light, Augustine points out that there is a stage at which a master-like love for oneself entails contempt for others and vice versa.

On the one hand, the sacrificial implications of Augustine's two types of love are highlighted when put aside Nietzsche's opposition between Dionysos and the Crucified. Self-sacrifice – or better yet, self-donation out of love to others – is God-like only when compared to the Crucified. Conversely, an exclusive love of oneself in the guise of Dionysos' immanent transcendency uncovers its tragic consequences for this world's victims. On the other hand, the human person's religious nature and the source and goal of Nietzsche's two religious irreducible types are revealed by their association with Augustine's two paradigms of love. While loving the transcendent God seems inextricable from loving the other to the contempt of oneself, the love of oneself reveals that vertical transcendency does not cease to exist due to disbelief in God, but rather it is deviated and made horizontal, immanent.[56] It may be the case that there is no transcendent God; regardless, as Nietzsche rightly realised, human nature is mimetic and religious; that is, either adversarial or self-giving and, in any case, imitative. We divinise our heroes, which we erect into role models of our desire. Human desire is revealed, in turn, as metaphysical: the desire to become the models we erect into gods. While the twice-born god Dionysos represents the rivalrous aspects of mimetic desire and its imposition of order through a sacrificial economy of violence, the Crucified, as the forgiving victim, represents the self-gifting opposition to sacrifice and the instauration of a new interrelational order. Better than anyone before, Nietzsche realised how secularised forms of deviated transcendence would substitute sacrificial religion's economy of violence, but not human sacrifices or their deviated, god-making, intra-historical transcendence.

Nietzsche's tragic philosophy radicalised Hegel's secularised and intra-historical philosophical theology, going beyond him in unearthing the anthropological centrality of sacrifice and its apparent inevitability for the foundation and preservation of political order. Nietzsche realised that even radical humanist ideals are not exempt

[56] Cf. Simon De Keukelaere, «What Is Deviated Transcendency? Woolf's *The Waves* as a Textbook Case». *Contagion: Journal of Violence, Mimesis, and Culture* [East Lansing] 12/13, 2006, p. 195.

from taxing communities with sacrifice's deviated transcendence, a God-making mechanism. According to Girard, this process of scapegoating is a fundamental mechanism in the development of human culture and religion, as it allows societies to maintain social order by projecting and externalising violence onto a single individual or group rather than turning against one another in a destructive cycle of mimetic rivalry. René Girard's concept of «deviated transcendence» illuminates this phenomenon. It refers to how human societies use religion and other forms of symbolic or cultural systems to deflect and channel violent impulses away from the community and onto designated scapegoats. This way, sacrifices economise the violence that would otherwise menace the community's annihilation at its own hand in the *bellum omnium contra omnes*.[57] Deviated transcendence refers to how this process of scapegoating and violence becomes elevated and sanctified through religious and cultural systems, creating myths, rituals, and other symbolic forms that justify and legitimise the scapegoating process. Better than anyone else in his generation, Nietzsche realised that the apparent secularisation of Christianity could bring about a new valuation of the ancient sacred as an alternative to politics of *ressentiment*. There are but two choices concerning deification, as Nietzsche saw well: adopting the viewpoint of the persecutor or choosing the victim's perspective.

In choosing Dionysos type of divinisation as his model, Nietzsche wanted to take part in the aristocratic virtues that would warrant a prosperous, heroic future, regardless of its price – always paid for in the currency of the victims' blood. Girard retorts to Nietzsche's idea of human deification, reminding him that Heraclitus, his ancient rival in the art of epigrams, had already warned us that «Dionysos is the same thing as Hades».[58] Girard also shows the absurdity of Nietzsche's claim to elitism when he sides with the lynching mob instrumental to Dionysos deification: «lynchings are the work of a crowd».[59] Following Heraclitus in associating Dionysos with the Hell of mimetic contagion that constitutes the lynching mobs, Girard declares: «Dionysos is the destructiveness at the heart of mimetic contagion».[60] Nietzsche's last written words before going mad pose an eloquent synthesis of his life's journey and testify to the price he had to pay for choosing Dionysos: «*Condammo te ad vitam diaboli vita*».[61] The ancient sacred economy of violence Dionysos represented offered Nietzsche his divinisation model.

[57] Cf. Thomas Hobbes, *Leviathan*. New York: Cosimo Classics, 2009, p. 72.

[58] Quoted by René Girard, *I See Satan Fall Like Lightning*. Ossining: Orbis Books, 2001, p. 120.

[59] René Girard, *The One by Whom Scandal Comes*. East Lansing: Michigan State University Press, 2014, p. 52.

[60] René Girard, *I See Satan Fall Like Lightning*, *op. cit.*, p. 120.

[61] René Girard, *Evolution and Conversion: Dialogues on the Origins of Culture*. London: Bloomsbury Publishing, 2017, p. 159.

Girard explains why Nietzsche went further than other modern thinkers, grasping sacrifice's actual utility. Girard claims the ancients were closer to understanding the efficacy of the human sacrifices that baffle us than scientific researchers such as Sir James Frazer or Levi-Strauss. They at least understood that sacrifices apiece the gods and reconcile societies, allowing them to thrive instead of reaching extinction. A victim's dead may bring the community's fruitfulness and allow its flourishing.[62] This efficacy is often represented by myths in their comparison of scapegoats to seeds. Hagiographist later reversed this metaphor to speak of the martyr's fertility in sawing converts. Heeding Nietzsche's intuition of the fundamental opposition of Dionysos' martyrdom and that of the Crucified, Girard could realise they have the scapegoat mechanism in common. Once the scapegoat mechanism is unearthed, it may be appreciated that sacrificial religion serves a purpose: «The peoples of the world do not invent their gods. They deify their victims».[63] Moreover, the founding murder is mythologised and ritualised, providing the community a way out of future mimetic crises. By virtue of its mythologisation and ritualisation, sacrificial economy offers human communities an alternative to extinction. In this respect, Nietzsche offered a more accurate explanation of the fertility rituals studied by Frazer[64] and Jessie Weston.[65]

The Bible's uniqueness concerning other myths is only perceived in comparing the Crucified and Dionysos. Girard charges the modern and postmodern approaches to comparing the myths and the Judeo-Christian Scriptures for their inability to tell their similarities and differences.[66] While their similitude lies in the fact that the myths and the Gospels depict the historical event of an instance when the scapegoat mechanism has taken place, their difference lies in the narrator's perspective and interpretation. Girard ironically remarks that the anthropologists studying primitive societies recognised human sacrifices behind both accounts but remained oblivious to their different representations. Conversely, the deconstructionists simply ignored the facts, isolated in their interpretative solipsism.[67] In contrast, Girard has shown that the Gospels relate the event from the victim's point of view, whereas myths relate it from the persecutor's standpoint. God's death and resurrection myths narrate a mythic, or «satanic», cycle. This cycle has three phases: «crisis, collective violence,

[62] Cf. René Girard, *I See Satan Fall Like Lightning, op. cit.*, pp. 83-94.

[63] *Ibid.*, p. 70.

[64] Cf. James George Frazer, *The Golden Bough. A Study of Magic and Religion.* New Delhi: Cosmo Publications, 2005.

[65] Cf. Jessie L. Weston, *From Ritual to Romance.* Mineola: Dover Publications, 2011.

[66] Cf. René Girard, *I See Satan Fall Like Lightning, op. cit.*, pp. 103-120.

[67] Cf. *Ibid.*, p. 171.

and sacred revelation».[68] The cycle's last phase consists of the divinisation of the sacrificed victim. Notably, the Old Testament excludes the third moment every time. In contrast, the New Testament, instead of mythologising the Hebrew Scriptures in its account of the historical Good Friday, contains a crucial difference with respect to the myths: it revolves around the God-made man's *kenosis* instead of a man-made God's *theosis*. Myths and Gospels offer an opposing reply to whether the collective violence exerted against the victim is justified. «In the myth the expulsions of the hero are justified each time. In the Biblical account they never are».[69] In order to reduce the biblical to a merely mythological account, it is necessary to scapegoat the historical Jesus as Nietzsche does when he sides with his persecutors in affirming that Jesus died «for his own guilt».[70] The Incarnation, asserting God's fundamental innocence and Their opposition to sacrificial violence, marks the chief difference between myths and Judeo-Christian Scriptures. The Bible disclosed the victim's innocence.

Appraising Nietzsche's opposition between Dionysos and the Crucified, Girard realised the extent to which Nietzsche was right in remarking upon it. As a result, he could define the Christian revelation in anthropological terms. For him, the representation of the persecutory «mimetic convergence of all against one», previously hidden or falsified by myths, is what the Cross has been unearthing for the past two thousand years.[71] Looked at from Paul's vantage point after his conversion, the Cross became the source of all knowledge for him and Christ's followers. In 1 Cor 1:18-31, Paul argues that the Cross reverses this world's wisdom. In Colossians 2:14, Paul further clarifies that the law's accusation has been nailed to Jesus' Cross. The scapegoat mechanism, which relied on remaining hidden for the persecutory mimetic contagion to take place, became exposed in Jesus' Cross. As Girard notes, «the principalities and powers themselves are paraded, in full public view, in the triumphal process of the crucified Christ, so in a way they too are crucified».[72] In this respect, Girard follows Paul, for whom potencies and principalities were about their regular business of sacrificing humans to preserve the Roman *pax* when Jesus tricked them into showing their true colours. Little did they know that soon, their secret would be shouted from the world's rooftops, challenging the idol's false transcendence. The accuracy of these Pauline metaphors by which Christ and Satan are tied to the Cross together points to martyrdom's unity, as Nietzsche conceived it. However, Dante is right in his valuation at the point where

[68] *Ibid.*, p. 106.

[69] *Ibid.*, p. 109.

[70] Friedrich Nietzsche, *Anti-Christ, op. cit.*, § 27.

[71] Cf. René Girard, *I See Satan Fall Like Lightning, op. cit.*, p. 137.

[72] *Ibid.*, pp. 138-139.

Nietzsche is misguided concerning the significance of the victim mechanism's revelation by the Cross and its concealment by myths. Instead of glorifying scapegoating that he nevertheless revealed, as Girard points out, Dante shows the banality of these phenomena representing Satan nailed to the Cross in *Par* XXXIV.[73] According to Girard, in the Cross' triumph, Jesus gave humanity a choice between two forms of peacemaking. We can either choose, like Nietzsche, to reconcile with the imposition of *pax* through scapegoating or choose God's loving nonviolence, which surpasses understanding –the peace about which Paul speaks in Phil 4:7.[74]

Christianity's reappraisal of the innocent victim may either signify an opportunity for conversion and reconciliation or bring about humanity's extinction. After all, sacrificial order has kept human communities' extinction at bay every time interpersonal recognition and collaboration stop doing the trick. However, after the Cross, the conceit of the victim's culpability granting the sacrificial order is lost. Nietzsche's madman wondered if the «greatness of this deed» was «too great for us».[75] Nietzsche's new radical humanist religion posed the overman and Zarathustra as models for human flourishing. However, these idols were carved in the image of Dionysos. Behind their radical humanist atonement for God's murder is an attempt to restore the engine of eternal return fuelled by sacrificial violence towards random victims. As Girard warns in *Battling to the End*, his most apocalyptic book, the unveiling of eternal return «goes too far in the revelation and destroys its own foundations».[76] Girard sees Nietzsche's personal tragedy in that his attempt to undermine the Biblical revelation of the victim's innocence sabotages his wager for Dionysos. Nevertheless, Nietzsche's defeat before the enemy he attempted to bring down, Christianity's triumph as morality, does not warrant humanity's conversion. Instead, it has led to the realisation that violence «no longer has any meaning».[77] Attempts to reinstate the *pax* imposed by sacrificial order are doomed to lack their sanction of divine glory. By this, I mean that since we no longer believe such old lies as «it is sweet and appropriate to die for one's country»,[78] their power has lost grasp upon us. Regardless, we are not better than our ancestors, who have spilt the blood of the justs before us. We are not better, but we have developed mass-destruction nuclear weapons and perfected the ability to destroy ourselves on an industrial scale.

[73] Cf. *Ibid.*, p. 139.

[74] Cf. *Ibid.*, p. 186.

[75] Friedrich NIETZSCHE, *The Joyous Science*, *op. cit.*, § 125.

[76] René GIRARD, *Battling to the End: Conversations with Benoît Chantre*. East Lansing: Michigan State University Press, 2009, p. 96.

[77] *Ibid.*, p. 98.

[78] HORACE, *The Odes*. Baltimore: John Hopkins University Press, 2008, III. 2., v. 13.

5. Conclusions

Nietzsche agreed with Hegel that, in a way, Christianity had triumphed. I have suggested that Nietzsche's philosophy is a challenge to the triumph of Christianity as morality, whose transvalorisation of values he attempted to reverse inspired by Greek mythology and tragedy. Nietzsche criticised Kant for naturalising Christian morality as rational and departed from Hegel's attempt to resurrect God in the guise of the historical self-revelation of the Absolute. Opposing politics of resentment, which he recognised in axial religions and nowhere as clearly as in the Cross, Nietzsche's attempt to argue for virtue ethics and his attention to myth and tragedy led him to the discovery of sacrifice's centrality to religion and culture. Hegel's tragic philosophy influences Nietzsche's later understanding of God's death as a collective murder to a certain extent. Like Hegel rejecting God's vertical transcendence and impassibility, Nietzsche remains faithful to earthly horizontal transcendence, which he unearthed in its sacrificial consequences. I have pointed out how Nietzsche's exploration of sacrifice and self-sacrifice, in both secular and religious contexts, illustrates the economy of violence imposed by the conflictive aspects of mimetic desire and its consequences. Nietzsche thought that, despite appearances of the opposite, Christianity had triumphed as morality. The modern concern for the victims is the result of Christianity's triumph. For neopaganism, the alleged defence of victims must justify the persecution of some, reverting to sacrificial religion. For Christianity, divine nonviolence condemns any sacrifice. Nietzsche's challenge to Christianity's historical progressive realisation was the overman's radical humanism that he conceived as the prophecy of nihilism's overcoming. Completing the Enlightened challenge to Christianity, Nietzsche confronted the Cross with Dionysos.

I have argued that Nietzsche's post-moral horizon is post-metaphysical and post-Christian and that his philosophy's primary goal is to overcome Christianity as a morality. He attempted this by challenging Christian compassion and its associated values, using the symbol of Dionysos to replace the Christian symbol of the Cross. Nietzsche's thought is shaped by the narrative tensions between Christian saints and mythic heroes as human ideals, and his naturalist and psychologist investigation of morality is centred around the problem of pity raised by sacrifice, tragedy's crux. Nietzsche's tragic philosophy is inspired by the symbol of Dionysos, whom the prophet of God's death introduces as a life-affirming deity in contrast to the life-denying decadence of the typical religious man. Nietzsche's tragic consciousness can redeem life's contradictions, even the most brutal suffering, whereas Christianity's imitation of the Cross is seen as an escape from this world's suffering into nothingness. Nietzsche presents two rival types of deification arising from mutually exclusive interpretations of suffering and martyrdom's meaning: a tragic or a Christian reading of sacrifice.

Nietzsche's comparison between polytheistic and Christian types of morality and models proved that modern Europeans, even in seemingly post-Christian times, still endorsed Judeo-Christian values – or, else, they regressed to the ancient sacred, even if they disguised their religion as humanism. Christianity is not different to the rest of the sacrificial religions founded on sacrifices. Nevertheless, although Nietzsche opposes the cross' rejection of sacrifice, which he regards as life-denying, he goes further than the positivists in realising that the Crucified and Dionysos' identity in their martyrdom does not entail an identity in its interpretation. Nietzsche, who admired Jesus as a man, did not favour two world theories and decried the Christian's double morality, which he recognised transmogrified into democracy, nationalism, and such emerging lay religions and their idols, which he shattered to worship the overman. In these respects, Modernity entails an unlikely historical realisation of Christianity overflowing religious dikes despite the declared atheism that characterised the theological modernist challenge to the old-time religion: «Must we not become gods ourselves…?».[79]

Bibliographic references

AUGUSTINE, *The City of God against the Pagans*. Cambridge: Cambridge University Press, 1998.

BAUMANN, Eric James, *«The Spirit is Willing»: T. S. Eliot and English Literary Religion*. [PhD Thesis, University of Michigan, 1998].

BULTMANN, Rudolf, *New Testament and mythology and other basic writings*. Minneapolis: Fortress Press, 1984.

CAMUS, Albert, *The rebel: An essay on man in revolt*. New York: Vintage Books, 1991.

DE KEUKELAERE, Simon, «What Is Deviated Transcendency? Woolf's *The Waves* as a Textbook Case». *Contagion: Journal of Violence, Mimesis, and Culture* [East Lansing] 12/13, 2006, pp. 195-218.

DIOGENES LAERTIUS, *The Lives and Opinions of Eminent Philosophers*. London: Bohn's Classical Library, 1853.

FEUERBACH, Ludwig, *The Essence of Christianity*. Buffalo: Prometheus Books, 1989.

FOSTER, George Burman, «Nietzsche and the Great War». *The Sewanee Review* [Sewanee], 28/2, 1920, pp. 139-151.

GIRARD, René, *Deceit, Desire, and the Novel: Self and Other in Literary Structure*. Baltimore: Johns Hopkins University Press, 1965.

GIRARD, René, «Interview: René Girard». *Diacritics* [Baltimore], 8/1, 1978, pp. 31-54.

GIRARD, René, *The Girard Reader*, edited by James G. Williams. New York: The Crossroad Publishing Company, 1996.

GIRARD, René, *I See Satan Fall Like Lightning*. Ossining: Orbis Books, 2001.

GIRARD, René, *Battling to the End: Conversations with Benoît Chantre*. East Lansing: Michigan State University Press, 2009.

GIRARD, René, *The One by Whom Scandal Comes*. East Lansing: Michigan State University Press, 2014.

GIRARD, René, *Evolution and Conversion: Dialogues on the Origins of Culture*. London: Bloomsbury Publishing, 2017.

[79] Friedrich NIETZSCHE, *The Joyous Science*, *op. cit.*, § 125.

GIRARD, René; OUGHOURLIAN, Jean-Michel & LEFORT, Claude, *Things Hidden since the Foundation of the World.* Redwood City: Stanford University Press, 1978.

HEGEL, Georg Wilhelm Friedrich, *Faith and Knowledge: An English Translation of G.W.F. Hegel's Glauben Und Wissen.* New York: State University of New York Press, 1977.

HOBBES, Thomas, *Leviathan.* New York: Cosimo Classics, 2009.

HOLUB, Robert C., *Nietzsche's Jewish Problem. Between anti-Semitism and anti-Judaism.* New Jersey: Princeton University Press, 2015.

HORACE, *The Odes.* Baltimore: John Hopkins University Press, 2008.

FRAZER, James George, *The Golden Bough. A Study of Magic and Religion.* New Delhi: Cosmo Publications, 2005.

LEWIS, Pericles, *Religious experience and the modernist novel.* Cambridge: Cambridge University Press, 2010.

LUFT, Eric von der, «Sources of Nietzsche's "God is Dead!" and its Meaning for Heidegger». *Journal of the History of Ideas* [Philadelphia], 45/2, 1984, pp. 263-276.

NIETZSCHE, Friedrich, *The Will to Power.* New York: Vintage Books, 1968.

NIETZSCHE, Friedrich, *Human, all too human: A book for free spirits.* Cambridge: Cambridge University Press, 1996.

NIETZSCHE, Friedrich, *On the Genealogy of Morality.* Indianapolis: Hackett Publishing, 1998.

NIETZSCHE, Friedrich, *The Birth of Tragedy and Other Writings.* Cambridge: Cambridge University Press, 1999.

NIETZSCHE, Friedrich, *Anti-Christ.* In: *Anti-Christ, Ecce Homo, Twilight of the Idols and Other Writings.* Cambridge: Cambridge University Press, 2005.

NIETZSCHE, Friedrich, *Twilight of the Idols.* In: *Anti-Christ, Ecce Homo, Twilight of the Idols and Other Writings.* Cambridge: Cambridge University Press, 2005.

NIETZSCHE, Friedrich, *The Joyous Science.* London: Penguin Books, 2018.

NIXEY, Catherine, *La edad de la penumbra: Cómo el cristianismo destruyó el mundo clásico.* Madrid: Taurus, 2018.

PSEUDO-DIONYSIUS, *Celestial Hierarchy.* In: *The complete works.* Mahwah: Paulist Press, 1987.

SAFRANSKI, Rüdiger, *Nietzsche: A Philosophical Biography.* New York: W.W. Norton & Company, 2002.

TAYLOR, Charles, *A Secular Age.* Boston: Harvard University Press, 2009.

THOMAS AQUINAS, *Summa Contra Gentiles. On the Truth of the Catholic Faith. Book One: God.* New York: Image Books, 1955.

WESTON, Jessie L., *From Ritual to Romance.* Mineola: Dover Publications, 2011.

WILLIAMS, Robert R., *Tragedy, recognition, and the death of God: studies in Hegel and Nietzsche.* Oxford: Oxford University Press, 2012.

ŽIŽEK, Slavoj & MILBANK, John, *The Monstrosity of Christ: Paradox or Dialectic?*, edited by Creston Davis. Cambridge: MIT Press, 2009.

Juan Manuel ESCAMILLA GONZÁLEZ ARAGÓN

NOTAS SOBRE LA FILOSOFÍA, LA LIBERTAD Y EL MAL EN LEV SHESTOV*

Ángel VIÑAS VERA

Universidad Loyola Andalucía
avinas@uloyola.es
N.º ORCID: 0000-0002-6793-2748
DOI: 10.60940/comprendrev26n1id427449

Article rebut: 08/02/2023
Article aprovat: 20/09/2023

Resumen

Esta investigación aborda el pensamiento de Shestov sobre la libertad y el mal. La filosofía que hace Shestov bebe no solo de una apropiación peculiar de la historia de la filosofía, sino también de la sabiduría bíblica, entre otras. Esta filosofía no se entiende sin la libertad, que se convierte en categoría central de lo real, de Dios y del ser humano. El mal no es comprensible desde la voluntad, sino desde el conocimiento. Por eso la filosofía no puede buscar la verdad en la ciencia, sino en la vida que no puede encerrarse en las ideas.

Palabras clave: Mal, libertad, verdad, conocer, Dios.

Notes on Philosophy, Freedom and Evil in Lev Shestov

Abstract

This research addresses Shestov's thinking on freedom and evil. Shestov's philosophy draws not only from a peculiar appropriation of the history of philosophy but also from biblical wisdom, among others. Nobody can understand this philosophy without freedom, which becomes the main category of the real, God, and human being. Evil is not understandable from the will but from knowledge. That is why philosophy cannot seek truth in science but in life, which cannot be enclosed in ideas.

Key words: Evil, freedom, truth, knowledge, God.

* El presente artículo ha sido elaborado en el marco del proyecto de investigación "Existencia estética e ironía en Kierkegaard", financiado por el Ministerio de Ciencia e Innovación de España (Ref. PID2020-115212GB-I00)

1. Introducción

Lev Isaakovitch Schwartzmann nació en Kiev el 13 de febrero de 1866 y murió en París el 20 de noviembre de 1938.[1] Entre esos dos acontecimientos transcurre una vida que sufrió la primera guerra mundial, la revolución bolchevique y el ascenso de los fascismos y el nazismo. Leer a Lev Shestov, que es como firmaba sus escritos,[2] es entrar en la vida de alguien que salió huyendo de los pogromos contra los judíos[3] y de la violencia bolchevique, vivió alejado de su mujer e hijas, que se refugiaron en Ginebra, perdió a un hijo en la gran guerra, compartió búsquedas con Florenski, Bulgakov, Berdiaev, Husserl, Einstein, Heidegger, Buber, Wahl. Un autor que consideró siempre a Dostoyevski como su maestro y que sólo tuvo un discípulo reconocido, Benjamin Fondane. Su obra influyó en muchos autores posteriores, tales como Cioran, Ionesco, Derrida y Jankelevitch, entre otros. Aunque todo lo anterior debería augurar un gran aprecio sobre este filósofo heterodoxo, no podemos más que hacer nuestra la opinión de la especialista shestoviana: «Desafortunadamente, la historia de la filosofía ha ignorado por mucho tiempo su pensamiento, siendo un autor poco leído y estudiado hasta el momento».[4]

El objeto de este estudio es acercarme al planteamiento filosófico del mal y la libertad en Shestov. Eso supone, en primer lugar, mostrar la propia idea de filosofía que defiende, así como la que critica, ya que aquella es una apología de la libertad del ser humano, de la libertad en el conocimiento, en la ética, en el clásico tema de la teodicea, en su comprensión de Dios. En segundo lugar, expondré la propuesta que realiza ante el tema del mal y de la libertad, indicando en cada apartado sus interlocutores, los filósofos que siente cercanos y aquellas comprensiones que están en las antípodas de su planteamiento existencial.

Antes de terminar esta introducción recojamos un texto de Levinas dedicado a Shestov. El pensador lituano hizo una recensión del libro *Kierkegaard y la filosofía existencial* de Shestov donde dijo:

---

[1] Cfr. Nathalie Baranoff-Chestov, *Vie de Léon Chestov. L'Homme du souterrain*, vol. I. París: Editorial de la Diférence, 1991 y *Les dernières anées*, vol. II. París: Editorial de la Diférence, 1993. A partir de ahora se citarán por la abreviatura VLC I y II, respectivamente. Para la vida de Chestov es relevante la obra de su discípulo Benjamin Fondane, *Rencontres avec Léon Chestov.* Texto establecido por Nathalie Baranoff y Michel Carassou. París: Non Lieu, 2016. A partir de ahora este libro se citará por la abreviatura RC. Las traducciones, mientras no se indique lo contrario, son personales.

[2] Estas son las obras fundamentales de referencia que más utilizaremos: Lev Shestov, *Potestas Clavium. El poder de las llaves.* Madrid: Hermida, 2019 (se citará como PC); *En la balanza de Job. Peregrinaciones por las almas.* Madrid: Hermida, 2020 (se citará como BJ); *Kierkegaard y la filosofía existencial.* Buenos Aires: Editorial Sudamericana, 1947 (se citará como K); *Atenas y Jerusalén.* Madrid: Hermida, 2018 (se citará con la abreviatura AJ); *Spéculation et Révélation.* Lausana: L'Age d'Homme, 1981 (se citará por la abreviatura SR).

[3] Cfr. VLC I, pp. 22-23, y Jeffrey Veidlinger, *En el corazón de la Europa civilizada. Los pogromos de 1918 a 1921 y el comienzo del Holocausto.* Barcelona: Galaxia Gutenberg, 2022.

[4] Catalina Elena Dobre, «El universo filosófico de Lev Shestov». *Metafísica y persona* [Puebla-Málaga], 12/23, 2020, p. 72.

> El Sr. Shestov es un judío filósofo, no un filósofo del judaísmo. En la herencia de Jerusalén no separa el Antiguo Testamento del Nuevo. Pero es un filósofo de la religión. Y sobre su forma existencial, la filosofía religiosa pone en valor los problemas de la salvación, es decir, el mensaje mismo del judaísmo. Esto lo hace de la manera más radical, porque el Sr. Shestov lo muestra admirablemente y con obstinación, que hace estallar la síntesis del espíritu griego y el judeocristiano que la Edad Media creía haber realizado.[5]

Su obra ayuda hoy a pensar, entre otros temas, las filosofías del acontecimiento, la libertad, la teoría de la verdad que se debe hacer junto a una teoría del bien, el acercamiento a Dios como aliado de la libertad.

2. La filosofía y la libertad

Hay una sentencia que se repite una y otra vez en las obras shestovianas: la filosofía es «τὸ τιμιώτατον», es decir, «la filosofía es lo más importante, lo más necesario, lo más significativo».[6] Esta expresión de Plotino muestra que Shestov define la filosofía por su ideal. Hay que acercarse a esta pregunta de forma sucinta para poder encuadrar el análisis posterior sobre la libertad y el mal. Así se entenderá mejor la centralidad de los análisis del libro bíblico del *Génesis*, entre otros, para abordar el tema del mal. No se puede entender *Jerusalén*, por citar el libro clásico y anteriormente mencionado, sin conocer bien qué es *Atenas*.

Los interlocutores de sus obras ayudan a ver la idea de filosofía de la que Shestov se siente heredero y de cuáles no. Autores como Aristóteles, santo Tomás, Spinoza, Descartes, Nietzsche, Husserl, Dostoievski, Kierkegaard, Tolstoi o Berdiaev le ayudan a mostrar su idea de la filosofía. No es el objeto de este artículo mostrar si es absolutamente fiel a lo que hoy conocemos sobre estos autores, pero es relevante ver los subrayados que él hace.

¿Qué relación tiene la filosofía con la verdad? ¿Qué tipo de verdades son el objeto de la filosofía? ¿Cómo afecta, si es que lo hace, al existente que filosofa? Según Shestov, Aristóteles en la antigüedad y Husserl en su época son claves porque los dos sitúan, de manera eminente, el problema filosófico en la naturaleza de la verdad. Veamos primero la filosofía que él crítica porque no acoge la realidad en su radical libertad y, posteriormente, la filosofía que él hace.

Hay una comprensión de la filosofía como ciencia que va unida a la verdad como necesaria que es diana de todas las críticas shestovianas. El motivo es que esa idea de

[5] Emmanuel Levinas, «Léon Chestov. *Kierkegaard et la philosophie existentielle (Vox clamantis in deserto)*». *Revue des études juives* [París], 2/102, 1937, p. 141. Por eso es certero trazar un cierto vínculo: «Comparte con Levinas el deseo obstinado de escapar de la ontología, pero, como Kierkegaard, esta fuga es hacia una relación radicalmente individual con Dios a través de un repudio violento de lo universal», James McLachlan, «The *Il y a* and the *Ungrund*. Levinas and the Russian Existentialists Berdyaev and Shestov». *Levinas Studies* [Charlottesville], 11/1, 2016, pp. 215-216.

[6] PC, p. 246; BJ, p. 77.

filosofía lleva implícita una metafísica que va en contra de la libertad del ser humano, no acoge la realidad en su singularidad y complejidad, encierra lo real en categorías donde no se puede vivir y reduce los problemas existenciales a meras cuestiones teóricas y abstractas.

Aristóteles fue de los primeros en la antigüedad en mostrar que la verdad, en su esencia, constriñe, como dice en *Metafísica* 984 b, 10: «Después de éstos, y considerando que tales principios no bastaban para generar la naturaleza de los entes, y de nuevo obligados, como hemos dicho, por la verdad misma, otros filósofos buscaron el tercer principio».[7] La verdad tiene poder y marca los límites de lo racional. Fuera de ella, la locura reina. La vida, la realidad no es irracional. No es posible que lo contradictorio en sí ocurra en la vida, porque lo que no puede ser, no puede acontecer. La verdad y su lógica, teniendo en el principio de no-contradicción la base esencial, marcan el mundo que se puede pensar y, por lo tanto, vivir. Shestov ve aquí un peligro tremendo, unas cadenas que no dejan ni vivir ni pensar.

Esto no significa que Shestov sea irracionalista, porque:

> tenemos, en efecto, necesidad, gran necesidad de la razón. En el curso normal de nuestra vida, ella nos ayuda a superar muchas dificultades, a veces las más importantes. Pero ocurre a veces que la razón impone al hombre males terribles, que de benefactora y liberadora se transforma en carcelera, en verdugo. Renegarla, en ese momento, no es entonces ningún sacrificio. ¿Cómo arrancarse de su poder detestable?[8]

El dar respuesta a esta pregunta es el objeto central de la tarea filosófica shestoviana.

Husserl intentó mostrar que el ideal científico de la filosofía era posible y necesario, que las verdades tenían tal naturaleza que ni Dios podía saltárselas. Este filósofo, que fue interlocutor decisivo para Shestov, es el que lleva hasta sus últimas consecuencias el considerar a la filosofía como ciencia rigurosa. Para Husserl, la matemática era el modelo ideal de rigurosidad, y para Shestov, sin embargo, se hace urgente no buscar la verdad allá donde las matemáticas la encuentran. Según Shestov, Husserl lleva hasta las últimas consecuencias el paradigma científico, lo que es verdad lo es hasta para Dios: «lo que es verdadero es absolutamente verdadero, es verdadero "en sí". La verdad es una e idéntica, sean hombres u otros seres no humanos, ángeles o dioses, los que la aprehendan por el juicio».[9]

Shestov ve varios problemas en la asociación entre realidad, evidencia, verdad y libertad en este planteamiento, así como la repercusión en la comprensión de la divinidad. Esto es decisivo en Shestov para abordar el problema del mal y la libertad especí-

[7] ARISTÓTELES, *Metafísica*. Madrid: Gredos, 1998.

[8] SR, p. 143.

[9] Edmund HUSSERL, *Investigaciones lógicas*, I. Madrid: Alianza Editorial, 1999, p. 114; cfr. SR, p. 255.

ficamente. En primer lugar, la escasa importancia de lo particular que se le ha dado en la historia de la filosofía y en el mismo Husserl, como nos lo dice en uno de los textos consagrados a evaluar su teoría del conocimiento: «Cuando tuvo que convertir la filosofía en "ciencia", Platón comenzó a sacrificar cada vez más la realidad y a poner en primer plano postulados "evidentes" para todos».[10] Lo decisivo en la ciencia es lo universal y, por lo tanto, lo particular, si tiene relevancia, es para alcanzar lo universal. En segundo lugar, en este planteamiento husserliano se buscan las verdades en el mismo lugar donde las matemáticas las encuentran, como ya hemos indicado. Esto supone, en tercer lugar, que la verdad de la vida, de los acontecimientos sorpresivos o cotidianos, y la relevancia de los procesos personales para llegar a conocer algo, es decir, la cuestión genética del conocimiento, van pasando a un segundo lugar y se soslayan. Lo curioso es que «nuestras ideas sobre las relaciones racionales, los significados eternos, como dice Husserl, tienen un origen puramente empírico».[11] El problema, según Shestov, es que Husserl consideró que «es preciso olvidarlo».[12] Según Shestov, si no olvidamos el origen empírico de las ideas «será evidente para nosotros que las esencias ideales, con su ser que existe por fuera del tiempo y, por tanto, parecen eternas, son las esencias más *transitorias* y efímeras».[13] La filosofía sería perfecta objetividad o alejamiento de la facticidad para ir a la verdad necesaria, donde debe vivir el ser humano y a la que debe someterse el mismo Dios. En la perfecta idealidad no hay ni muerte ni sufrimiento, ni lágrimas ni alegrías. De ahí que Shestov haga filosofía de otra manera, con otros interlocutores.

Como resumen de los análisis que hemos traído sobre Aristóteles y Husserl, anotemos este texto síntesis de Shestov:

> Repitiendo casi textualmente ciertas frases del *Parménides encadenado*, dije a Husserl: En el 399, Sócrates fue envenenado. Después de la muerte de Sócrates su discípulo Platón, «obligado por la verdad misma» (la expresión es de Aristóteles), no podía no decir, no podía no pensar que Sócrates había sido envenenado. Sin embargo, se percibe a través de todos sus escritos una sola y única cuestión: ¿Existe efectivamente en el universo una fuerza, un poder al cual es dado el obligarnos a admitir definitivamente, para siempre, que Sócrates fue envenenado? A los ojos de Aristóteles esta cuestión, evidentemente absurda, no existe.[14]

[10] PC, p. 288.

[11] *Ibid.*, p. 284.

[12] *Id.*

[13] *Id.* La cursiva es del autor.

[14] Léon Chestov, «A la mémoire d'un grand philosophe, Edmund Husserl». *Revue philosophique de la France et de l'étranger* [París], 01, 1940, p. 10.

Ante esta sucinta descripción de la idea de filosofía que critica Shestov no podemos dejar de apuntar la descripción de la filosofía que él defiende. Frente a una filosofía que no tiene en cuenta lo particular, lo plural, paradójico, contradictorio de nuestras vidas, Shestov va a defender, en primer lugar, una filosofía de lo particular, del presente en su novedad,[15] donde todo es posible, donde la libertad está abierta no solo hacia el futuro, sino hacia los hechos del pasado. Los hechos tienen poder sobre nosotros porque, de alguna manera, hemos aceptado que sea así. El análisis que hace Shestov de la autoridad de lo acontecido como inamovible, como se defendía desde Aristóteles como ejemplo preclaro del principio de no-contradicción al afirmarse que lo que ha sido no puede ser suprimido, es coherente con su idea de libertad. La tesis *todo es posible* afecta también al pasado y eso supone que hay que quitarles el poder a los hechos. «Sócrates está muerto» no tiene por qué ser aceptado como una verdad incuestionable, por citar la sentencia que más aparece en sus estudios. Por eso, ante la idea husserliana, recogida en las *Investigaciones lógicas*, que afirma que «no nos decidimos a asumir la convicción de que sea psicológicamente posible lo que lógica y geométricamente significa un contrasentido»,[16] Shestov opone su tesis de que «los límites de lo posible y lo imposible no los establece la razón».[17]

En segundo lugar, Shestov trata de pensar y acoger la verdad en la que se vive, la que el ser humano hace suya, la que intenta conseguir. Él no niega el papel de la verdad que constriñe, lo que critica es que esta deba ser considerada como la verdad clave de la filosofía. Esta no culmina cuando consigue alcanzar aquella, sino que comienza a partir de ahí. Por eso la filosofía es tragedia, porque, asumiendo lo que las ciencias nos pueden decir, lo problematiza existencialmente. Lo real es esencialmente libertad: «La verdad dispone de todas las "necesidades", de todos los "tú debes". Si alguno no cede ante ella de buena gana, deberá ceder por la fuerza. Dios no obliga a nadie. Pero la verdad no es Dios: obliga».[18] La verdad hace lo que ni el mismo Dios realiza, obligar, mandar. ¿Por qué le hemos dado tanto poder a la verdad? ¿No está expresando esta crítica shestoviana que es imprescindible no solo analizar qué es la verdad, sino que para abordar-

[15] Por eso es sugerente la idea que nos ofrece Villela-Petit al analizar la relación entre Husserl y Fondane donde la idea de lo real en Fondane —y añadimos nosotros en Shestov— puede entrar en diálogo con Maldiney: «Como lo dice con una admirable concisión Henri Maldiney, "lo real es lo que no se esperaba". Sensible a lo inesperado, Benjamin Fondane lo era». Maria Villela-Petit, «Au nom de singulier le défi de Benjamin Fondane à Husserl». *Itinera* [Milán], 6, 2013, p. 114. Esto es muy importante porque hay ciertas comprensiones de la filosofía de la tragedia de Shestov que pueden llevarnos a hipostasiar la categoría de la tragedia y a convertir la realidad en el lugar donde ocurren necesariamente milagros por doquier, sacrificios, instantes de metamorfosis, revelación. La propuesta filosófica de Shestov ayuda a pensar lo impensable, y de paso, lo de todos los días. Lo imposible puede ocurrir, el milagro puede acontecer. Pero debemos tener precaución de convertir lo imposible en necesario. En los siguientes apartados volveremos a estos temas.

[16] Edmund Husserl, *op. cit.*, p. 76; cfr. BJ, p. 541.

[17] BJ, p. 542.

[18] K, pp. 248-249.

la hay que detenerse en las maneras de vivirse en la verdad? La filosofía es lucha, no reflexión, porque trata de «revolverse contra la verdad que constriñe en virtud de no se sabe qué derecho y acometer la lucha contra las evidencias que transforman los horrores de la existencia en leyes eternas del ser».[19] La filosofía shestoviana busca la verdad, pero por otros caminos donde esta puede realmente comparecer.

Para concluir este apartado subrayo que lo que hace Shestov es filosofía y no teología: «Para mí la Biblia no es "la autoridad". He leído la Biblia como he leído a Platón. Y me he dado cuenta de que ella respondía a las cuestiones que la filosofía no planteaba, sino que ella (la filosofía) impedía que se plantearan».[20] La Biblia es leída desde su peculiar manera de entender la filosofía, que tiene en cuenta los problemas de la vida real, una sabiduría que busca alcanzar el bien que está más allá del ser, una verdad que está más allá de lo matemático-lógico: «La filosofía que brinda pura alegría y libera de las penas no puede en modo alguno decir de sí misma que es solo *vera philosophia*: es *optima philosophia* en el sentido más estricto de la palabra. Aporta el *summum bonum*: "quod valde est desiderandum, totisque viribus quarendum" ('debe desearse mucho y buscarse con todas las fuerzas')».[21] Desde este encuadre, podemos abordar con más detenimiento el tema del mal y la libertad humana.

3. El árbol de la vida y del conocimiento

Shestov no solo aborda el problema filosófico de la verdad y el conocimiento, sino que de forma análoga aborda la cuestión del bien. Como he indicado en el último texto, toda su filosofía busca una verdad que esté más allá, que trascienda la distinción impuesta del bien y el mal. Así como la razón quedó reducida a lo científico, a conocer lo universal, la moral quedó encadenada también al poder de una ley que constriñe, sea esta natural o moral. Un ejemplo paradigmático de estas leyes es la que Shestov comenta al comienzo de su libro sobre Kierkegaard cuando afirma que la filosofía griega asume como ley indubitable la que formuló Anaximandro: «En todas las épocas y en todos los pueblos el pensamiento natural del hombre se detenía, impotente, como hechizado, ante la fatal necesidad que había introducido en el mundo la terrible ley de la muerte, ineluctablemente vinculada con el nacimiento del hombre, la ley de la destrucción que acecha a todo lo que ha aparecido y aparecerá».[22] Esto también tuvo su repercusión en la ética, porque es el mismo dinamismo, y esta

[19] Léon Chestov, «A la mémoire d'un grand philosophe, Edmund Husserl», *op. cit.*, p. 30.

[20] RC, pp. 151-152. Por eso creemos que hay que ser precavidos con sentencias como: «Quizás Shestov aprecia la historia bíblica porque la percibe como la más irracional de las narrativas». Julia V. Sineokaya; Anton M. Khokhlov, «Lev Shestov's Philosophy of Freedom». *Studies in East European Thought* [Berlín], 68, 2016, p. 223.

[21] RC, p. 507.

[22] K, p. 9.

quedó sometida al poder de lo real, a la necesidad de la ley a la que debía someterse el ser humano.

Shestov va a analizar el relato del *Génesis* de Adán y Eva para mostrar cuál es el origen del mal. La tesis clásica de que el conocimiento es el camino a la verdad y al bien es lo que Shestov intentará demoler:

> Las cuatro partes de este libro están atravesadas e inspiradas por un mismo objetivo: librarse del poder de las verdades inanimadas y a todo indiferentes en que se han convertido los frutos del árbol prohibido. La «universalidad y necesidad» que tanto han anhelado y con las que tanto se han embriagado los filósofos despiertan en nosotros el mayor recelo: dejan traslucir el amenazante «morirás» de la crítica bíblica de la razón.[23]

Este texto es una síntesis programática no solo de este libro, sino de la tesis fundamental sobre la que va a sostener su análisis del conocimiento, el mal y la libertad. O bien tenían razón los que pensaban que «sin conocimiento no hay verdad ni bien»,[24] o bien lo que afirma la Biblia, que «dice que todas las desgracias del hombre provienen del conocimiento».[25]

3.1. «Seréis como dioses» (Gn 3, 5)

Dios creó todo y vio que era *muy bueno*, dice el relato bíblico. Para comprender mejor la propuesta de Shestov sobre el problema del mal y su interpretación del texto del Génesis sobre el pecado original, es necesario consignar los autores con los que dialoga. No se puede entender la propuesta shestoviana sin las lecturas de Kierkegaard y Hegel del mismo relato. Esto llevará a ahondar más y mejor y descubrir que Lutero aparece como una de las claves en las que se apoya Shestov para mostrar el peligro de ciertas interpretaciones de la libertad. Veamos, aunque necesariamente debe ser de manera sucinta, el marco fundamental de comprensión de la postura de Shestov.

3.1.1. Entre Kierkegaard y Hegel

Shestov encontró en Kierkegaard, cuando lo descubrió gracias entre otros a Husserl, a un hermano en la búsqueda de un pensamiento y una filosofía que no era especulativa. Él es el «pensador más importante y necesario de la Modernidad».[26] Además de

[23] *Ibid.*, p. 69.

[24] *Ibid.*, p. 199.

[25] *Ibid.*, p. 307.

[26] Andrea Oppo, *Lev Shestov: The Philosophy and Work of a Tragic Thinker*. Boston: Academic Studies Press, 2020, p. 243.

dedicarle un libro al autor danés, Shestov asume algunas interpretaciones kierkegaardianas sobre el origen y problema del mal. Centrándose fundamentalmente en las interpretaciones del filósofo danés sobre Job, el pecado original en *El concepto de angustia* y el análisis de la libertad en *La repetición*, Shestov se acerca y se aleja de Kierkegaard. Por un lado, Shestov considera valioso el camino de Kierkegaard de analizar la Biblia y sus relatos para mostrar que en el estado de inocencia no había ni mal ni bien, ni conocimiento de la muerte. Es cierto que Kierkegaard enfatiza que esta inocencia es ignorancia y Shestov no puede acompañar estos análisis hasta el final porque piensa que Kierkegaard sigue situándose, aunque sea de manera implícita, en el conocimiento como clave de la libertad: «De modo que la angustia no es la realidad de la libertad, sino la manifestación de la pérdida de la libertad».[27] La libertad sin angustia es el síntoma de una libertad liberada por el creador que le dio ese don. La libertad angustiada es un signo de que se ha comido ya de los frutos del árbol del conocimiento, confundiendo saber con libertad.

Lo más interesante de los análisis kierkegaardianos, según Shestov, es lo que aparece en Job y en Abrahán. ¿Por qué? Porque hay una suspensión del poder de lo ético. Si Abrahán debe obedecer a la ética, que le dice que matar es malo, no sería padre de la fe al llevar a su hijo a Moria. Si desobedece a la ética y va con su hijo a sacrificarlo, sería un asesino. En esa encrucijada se muestra el poder de lo ético como lo universal que regula, que quiere regular nuestra libertad mientras que el ser humano es un singular. Lo que aparece tanto en Job, aunque desde una experiencia existencial diferente, como en Abrahán es que todo es posible, que eso significa lo que es últimamente Dios, y que el ser humano no debe situarse ante lo real que le ocurre desde la mera razón. El absurdo comparece en sus vidas y muestra la ineficacia e inutilidad de la razón, así como el mal que produce si le seguimos de la mano. La fe, donde Job y Abrahán se encuentran, es asumir y atravesar el absurdo sin echarse en los brazos de cualquier ley ética universal o principios racionales necesarios para minimizar el impacto de un acontecimiento singular. Shestov, sin embargo, considera que la posición kierkegaardiana no se libera del todo del paradigma intelectualista que nace ya en Sócrates, que es un decadente como Nietzsche afirma.

Si con Kierkegaard se siente más cercano, aunque tenga sus tesis contrarias al pensador danés, con Hegel la diferencia en este tema es radical. Este autor refleja la tesis absolutamente contraria a la que seguidamente explicaremos que defiende Shestov. Hegel hace un análisis del texto del *Génesis* afirmando que la serpiente no mintió al ser humano al decirle que si comían de ese árbol sería como dios y conocería la distinción entre el bien y el mal, *Eritis sicut dii scientes bonum et malum* (Gn 3, 5): «No solo es Hegel quien piensa así: todos nosotros estamos convencidos de que la serpiente que

[27] AJ, p. 311.

tentó a nuestro ancestro a probar los frutos del árbol del conocimiento del bien y del mal no la engañó, que el engañador era Dios, que había prohibido a Adán comer de esos frutos por temor a que el hombre se convirtiera en Dios».[28] Para Hegel fue bueno que el ser humano hiciera ese movimiento porque puso en pie lo que está más allá de la fe, que es el saber. Este sería el origen de la libertad, de la ciencia, de la verdad. La interpretación hegeliana enfatiza la relevancia del paradigma clásico, es decir, que la inteligencia es el lugar de la verdad y la libertad. La fe es algo a superar porque ella no es capaz de ir más allá de lo particular. El saber nos sitúa en el plano universal y necesario, y es ahí donde el ser humano se realiza plenamente.

3.1.2. Lutero y Nietzsche

Shestov muestra su aprecio a Lutero y su recorrido existencial, que conecta con el camino kierkegaardiano. Tan es así que aquel aparece en varias de sus obras, y le consagra una obra a él y su pensamiento, aunque salió de forma póstuma.[29] ¿Por qué acude a Lutero? Por el lugar central de la fe para comprender la libertad. El ser humano, en la deriva de la modernidad, ha pasado de ser comprendido como un *res cogitans* a ser un *asinus turpissimus*,[30] es decir, que por olvidar la sabiduría bíblica el ser humano ha tomado una deriva que ha supuesto someterse a las obras de la razón y perder su libertad: «Lo irremediable llega precisamente en el momento en que las verdades universales y necesarias, que prometían al hombre sostén y consuelo para todas las contingencias de la vida, de pronto revelan su verdadera naturaleza y exigen imperiosamente del hombre que se convierta de *res cogitans* en *asinus turpissimus*».[31] La razón es fuente de esclavitud, mientras que el Dios de la fe libera al ser humano porque él es libertad.[32] La pertinencia de Lutero para Shestov es mostrar cómo la lucha que él pretende y realiza encuentra compañeros en la historia filosófica y teológica. No es Shestov el único ni el primero que ha luchado a favor de la libertad del ser humano. Los dos, Lutero y Shestov, junto con Kierkegaard, entre otros, deben acometer la tarea: «Para Kierkegaard, la razón y la ética se han transformado, según las palabras de Lutero, en *bellua qua non occisa, homo non potest vivere*.[33] De ahí procede la filosofía existencial».[34] Porque tanto

[28] *Ibid.*, pp. 191-192; cfr. K, pp. 18-22.

[29] Léon Chestov, *Sola fide. Luther et l'Église*. París: Presses Universitaires de France, 1957.

[30] «El más despreciable de los asnos». El asno de Buridán moría de hambre al no poder elegir libremente. El ser humano, si sólo tuviera razón y se sometiera a sus poderes, sería peor que cualquier asno y perdería su libertad. El dilema de la libertad no se decide solo ni fundamentalmente con la razón.

[31] AJ, p. 296.

[32] Cfr. Julia V. Sineokaya; Anton M. Khokhlov, *op. cit.*, pp. 216-217.

[33] «Monstruo que el hombre debe matar para poder vivir».

[34] K, p. 81.

la razón como la ética han olvidado algo central en la doctrina sobre la creación bíblica, que todo es creado, también las verdades. No existen verdades emancipadas de Dios y eternas a las que se debe someter este: «Cuando Leibniz anunciaba solemnemente que las versades eternas existen en el entendimiento de Dios independientemente de su voluntad, no hacía sino proclamar abiertamente un principio del cual se había nutrido la filosofía medieval y que ésta había recibido de la herencia griega: todos los esfuerzos de la razón humana han tendido siempre a procurarse *veritates emancipatae a Deo*».[35]

Nietzsche es otro pensador del que se siente cercano Shestov, aunque con sus diferencias. Por un lado, ve en el pensador alemán a un defensor de la libertad al mostrar que hay que ir más allá del bien y del mal porque lo que encierran estos dos grandes principios es tiranía y enemigos de la vida. Nietzsche vio que Sócrates era un decadente al abandonarse al intelectualismo moral y al sometimiento al principio de que lo que está bien y lo que es la verdad son principios tan elevados que hasta los dioses se someten a ellos. Nietzsche, en su manera de comprender lo apolíneo y lo dionisíaco, defiende una manera de entender la vida que no se somete a la razón o a la ética. Lo que no puede hacer suyo Shestov es el énfasis nietzscheano en el *fatum*. Para Shestov, el *fatum* no es un término bíblico y puede llegar a convertirse de nuevo en una tiranía que aniquile la libertad del ser humano y del mismo Dios: «Kierkegaard se extiende largamente sobre el papel que el *fatum* desempeñaba en la antigüedad y sobre el terror que experimentaban los antiguos frente al destino. Todo esto es exactamente exacto, como es exacto que el *fatum* no existe en la revelación bíblica».[36]

Estos análisis no deben llevarnos a pensar que la razón no juega ningún papel en la filosofía de Shestov, como si fuera un irracionalista radical.[37] Sin embargo, no es así, como ya hemos indicado: «Al elegir el ámbito de lo privado, de lo singular, de la fe, a veces, Shestov ha sido interpretado negativamente como un defensor del solipsismo o como un pensador irracionalista, o nihilista».[38] Así mismo lo indica Levinas en su preciosa reseña sobre el libro de Shestov,[39] y Drozdek[40] muestra que es cierto que la primacía de la libertad sobre la razón está presente en Shestov como dones de la creación, pero eso no es óbice para que sea tachado de irracionalista.

---

[35] *Ibid.*, p. 139.

[36] *Ibid.*, p. 121.

[37] Desde aquí hay que entender esta frase que habla de los límites de la razón: «Si quieren, *Memorias del subsuelo* es una crítica de la razón pura, pero mucho más resuelta que la que emprendió Kant», BJ, p. 546. Frente a la acusación de irracionalismo, queda rebatida certeramente varias veces por Catalina Elena Dobre en *Lev Shestov: El hereje de la razón*. Sevilla: Thémata, 2022, pp. 162, 171 y 188.

[38] *Ibid.*, p. 127.

[39] Emmanuel Levinas, *op. cit.*, pp. 139-14.

[40] Adam Drozdek, «Shestov: Faith Against Reason». *Laval théologique et philosophique* [Quebec], 63/3, 2007, pp. 480ss.

3.1.3. Shestov y el mal

Shestov considera este tema decisivo, porque afecta también a la comprensión del ser humano y del propio misterio de Dios. Este no parece que quede libre, porque ha quedado sometido a leyes necesarias que no puede alterar, cambiar, modificar, incumplir. Esto lleva, según Shestov, a no aceptar el relato bíblico donde Dios no es el causante del mal.

La tesis clásica de la teodicea nos lleva a un callejón sin salida. Por un lado, si el bien es bien no porque Dios lo quiera, sino que es independiente de Dios, Shestov considera que Dios no es libertad, no todo es posible para él y los relatos bíblicos no son verdaderos. Por otro, si el bien es bien porque Dios lo quiere, caeríamos según la teoría clásica en un fideísmo y un voluntarismo insostenibles racionalmente. Según Shestov, el problema de esta segunda posición es que ha deducido o inducido que quedar al albur de Dios es algo peligroso o que no debe ocurrir. Algo así como si el ser humano, al no fiarse de Dios, prefiere fiarse de su razón y de lo que él experimenta o verifica o analiza. ¿De dónde le vino al ser humano el miedo que está en la base de la desconfianza de aquel que lo hizo todo muy bien, según el relato bíblico? ¿Por qué el ser humano prefirió confiar en lo que él podía experimentar al comer de los frutos del árbol del conocimiento del bien y del mal y no siguió confiando y paseando por el jardín con aquel que lo creó? «¿De dónde viene esa inquebrantable seguridad de que solo el conocimiento trae al hombre la verdad?»[41] ¿Realmente lo que está detrás del ansia de conocer no es un deseo de controlar? ¿No hay que analizar ese deseo más como una manifestación de una huida hacia adelante que como un deseo neutral de querer vivir en verdad? ¿Quién le hizo dudar al ser humano de que la verdad era lo que vivía antes de hacer caso a la serpiente? ¿Quién llevaba, últimamente, razón? Desde estas preguntas podemos explicar ya la postura shestoviana, anteriormente anunciada.

En el estado de inocencia donde se encontraban Adán y Eva no había conocimiento del bien y del mal ni de su diferencia. Es más, no conocerla era una fortaleza, no una pobreza: «La Biblia, en efecto, niega al hombre en estado de inocencia el conocimiento de la diferencia entre el bien y el mal. Pero no era una debilidad, un defecto, sino una fortaleza, una gran ventaja».[42] Dios prohíbe comer del árbol del conocimiento del bien y del mal, mientras que puede comer de los demás árboles.[43] El día que coma de aquel, indica Dios, morirá el ser humano. Shestov afirma que esto supone, entre otros elementos, que Dios le dice al ser humano: «no confíes en los frutos del árbol del conocimiento, porque traen consigo el más grande de los peligros».[44]

[41] AJ, p. 194.

[42] *Ibid.*, p. 307.

[43] PC, p. 154.

[44] AJ, p. 308.

El hombre se volvió mortal porque comió de ese árbol, creyó que dejar de vivirse como un ser particular le haría llegar a ser como Dios. Aumentar el saber no le asemeja más a Dios, sino que le hace más limitado: «La esencia del conocimiento radica en la limitación: ése es el sentido del relato bíblico».[45] Por eso afirma Shestov que antes del pecado original no existía ni la vergüenza ni lo malo. Solo había belleza, libertad más allá del bien y el mal. El conocimiento crea la distinción del bien y el mal y quiere «enseñar al hombre cómo salvarse de ellos con sus propias fuerzas, con sus propias obras».[46] El conocimiento ha esclavizado al ser humano y le ha quitado el don más preciado, la libertad. Así nos lo expresa la especialista shestoviana: «Esto es el inicio del mal absoluto cuando en el nombre de una idea (inclusive de la idea del bien) el hombre sacrifica todo y con ello la verdad de su propia existencia».[47] Las obras del conocimiento, entendidas desde esta clave, no llevan a la salvación, sea cual fuera el sentido que se les dé a ellas.

«Seréis como dioses» es la gran mentira que le dijeron al ser humano. Pero este sucumbió. Dios, según Shestov, no distingue entre el bien y el mal como nosotros: «Dios no conoce el bien y el mal. Dios no "conoce" nada, Dios todo lo crea».[48] Dios no conoce esas distinciones y, por eso, es libre como solo él es: «El libre albedrío es de Dios y solo de Dios. Sería una locura dejar que el hombre tomara "libremente" cualquier decisión. Dios ya había dado una vez la libertad al primer hombre y vio que cualquier cosa era mejor que lo que había resultado: ¡el hombre cambió el paraíso por nuestra lamentable vida terrenal!».[49] La tesis de la libertad absoluta de Dios es coherente en Shestov con su énfasis en que Dios no está sujeto ni a la razón, ni a los principios de la lógica racional ni a la distinción ética del bien y el mal. Por eso recurre a autores como Tertuliano o san Pedro Damián, entre otros,[50] para mostrar que lo bueno es bueno porque Dios lo quiere y no viceversa. Dios es garante de la libertad porque la distinción posible-imposible, bueno-malo no son las reglas a las que él se somete: «Allí donde hay Dios, no hay ley sino libertad. Y allí donde no hay libertad, no hay Dios».[51]

El Dios de la Biblia es creador de cada ser particular. Al hacerlo, los bendice. Con esto se separa de otras comprensiones de lo divino que vinculan lo individual y particular con aquello de lo que hay que salir para conocer la verdad:

---

[45] BJ, p. 332.

[46] *Ibid.*, p. 333.

[47] Catalina Elena Dobre, *Lev Shestov: El hereje de la razón, op. cit.*, p. 86.

[48] AJ, p. 308.

[49] *Ibid.*

[50] Cfr. PC, pp. 156 ss.

[51] AJ, p. 437.

Así pues, tenemos dos leyendas: según la primera, el hombre, en tanto ser individual, apareció en el mundo por la voluntad y con la bendición de Dios. Según la segunda, la vida individual apareció en el universo en contra de la voluntad de Dios, y por eso, por su propia esencia, es impía, y la muerte, es decir, la destrucción, es el natural y justo escarmiento por esa criminal arbitrariedad.[52]

El Dios de la Biblia es el defensor de lo particular y no es el que nos invita a salir de ello para vivir en las ideas. Lo que está en juego es la libertad y el no someter la ética al imperio del ser general, de la ontología: «Y solo cuando, en la realidad o en la mera imaginación, la razón, con ayuda de la moral, obliga a callar al "hombre particular", la filosofía alcanza su objetivo último: la ontología, la doctrina sobre lo verdaderamente existente, se convierte en ética, y el sabio pasa a ser el amo absoluto del universo».[53]

¿Por qué el ser humano sucumbió a los cantos de sirena de la serpiente? ¿Cómo explica Shestov que el ser humano haya querido enredarse o encadenarse? El ser humano lo hizo por miedo a la libertad: «No es que los hombres no sean libres; los hombres lo que más temen en el mundo es la libertad, de ahí que busquen el "conocimiento", de ahí que necesiten una autoridad "infalible", indiscutible, es decir, una que puedan venerar todos juntos».[54] El ser humano, el filósofo también, se rinde a la razón y a sus generalizaciones para sentirse seguro, porque prefiere la evidencia a la libertad: «Para la razón, la verdad estaba ligada eternamente a la idea de necesidad, a la idea de un determinado orden constrictivo e inmutable. La razón temía los imprevistos, temía la libertad, y los "de repente", y tenía todos los fundamentos para hacerlo. Plotino eso ya lo sabe: la razón se atrevió a renunciar a Dios».[55] La razón se alienó porque «no tenemos la menor voluntad de participar en la libre acción de Dios, que solo confiamos en nosotros mismos y tememos entregarnos al Creador, que solo nos tranquilizamos cuando nos aseguramos de antemano la posibilidad de comprobar lo que el cielo nos depara».[56] Lo que implica esta búsqueda del ser humano es el tipo de verdades de las que el ser humano quiere vivir y la seguridad que da la verdad que constriñe.

Si el mal, pues, es lo que irrumpe en el ser humano cuando se deja llevar por el conocimiento que quiere renunciar a lo particular, a la libertad, y prefiere irse al lugar del control, Shestov se sitúa muy lejos de la idea clásica del mal como *privatio boni*.[57] Lo primero que critica en esta explicación es que no es bíblica, sino helénica. Lo segundo es que aquella es deudora de una comprensión metafísica del ser y los trascendentales

[52] BJ, p. 352.

[53] *Ibid.*, p. 531.

[54] *Ibid.*, p. 132.

[55] *Ibid.*, p. 540.

[56] PC, p. 81.

[57] AJ, pp. 411-412.

que está más cerca de la filosofía *sub specie aeternitatis* que de la filosofía existencial y trágica que él realiza. En tercer lugar, aquella teoría intenta explicar lo inexplicable, lo que la Biblia no hace: «Y la actitud de las Escrituras respecto al mal es completamente distinta: no desean explicarlo, sino eliminarlo, extirparlo de raíz del ser; ante el Dios bíblico, el mal se convierte en nada».[58] El mal es aquello de lo que no podemos saber con ciencia rigurosa de dónde viene, así como tampoco su realidad esencial. Así lo dice trayendo a colación la experiencia de Job: «Dicho de otro modo: es posible preguntar (a veces, como en el caso de Job, es imprescindible hacerlo) de dónde viene el mal. Pero es *imposible* responder a esa pregunta. Y solo cuando los filósofos comprendan que a esa pregunta y a muchas otras es *imposible responder* sabrán que no siempre las preguntas se plantean para ser respondidas, que hay preguntas cuyo sentido radica en no admitir respuesta, porque las respuestas matan».[59] Shestov no hace en su lectura del relato de la caída una explicación filosófica que debe ser aceptada, sino una recuperación de la sabiduría que hay en ese texto que excede con mucho el eco religioso y puede aguijonear la actividad filosófica.

Hay que terminar este apartado, y permítaseme hacerlo con este texto que dedica Shestov agradecido a su pueblo, el judío, que se atrevió a mostrar y recoger estas ideas en las Escrituras:

> ¿Cómo explicar naturalmente que un pueblito pequeño, ignorante y errante pudiera concebir la idea de que el pecado más grande que desfiguró la naturaleza humana y le acarreó al hombre la expulsión del paraíso, con todas las consecuencias que ello implica —nuestra pesada y penosa vida, el pan ganado con el sudor de nuestra frente, las enfermedades, la muerte, etc.—, que el pecado más grande de nuestros ancestros fuera «confiar en la razón»? ¿Que, al arrancar el fruto del árbol del conocimiento del bien y el mal, el hombre no se salvó, como, al parecer, debía ocurrir, sino que se perdió para siempre? ¿Cómo esa idea pudo ocurrírsele —pregunto— a primitivos pastores que debían dedicar todo su tiempo y todos sus esfuerzos a la «lucha por la existencia», es decir, a las preocupaciones ligadas a sus vacas y ovejas? ¡Qué sutileza y refinamiento de la mente, qué cultura se necesita para abordar esa cuestión tan fatídica![60]

3.2. Sobre la libertad

Así como en el tema del mal hemos visto la interlocución de Shestov con Kierkegaard, Hegel y Lutero, entre otros, aquí se hace imprescindible traer también a colación su lectura de Sócrates. Este es visto más desde la lectura nietzscheana, que lo ve como

---

[58] *Ibid.*, p. 412.

[59] *Ibid.*, p. 462.

[60] BJ, p. 329.

un decadente, que la que hace Kierkegaard al considerarlo el mejor hombre sin contar con los hombres de fe.

El origen de la ética autónoma, entendida como separada y orden racional propio, es socrática al ir identificando progresivamente lo bueno, que siempre es plural y concreto, con el bien, que es abstracto, y lo malo con el mal.[61] La ética autónoma que fija el bien y el mal como orientaciones eternas a las que el ser humano debe ajustarse es la consecuencia directa de la ontología: «En un mundo regido por la "necesidad", el destino del hombre y el único objetivo de un ser racional es cumplir el deber: la ética autónoma corona la legalidad autónoma del ser».[62] En esta manera de comprender la ética, «la esencia del bien reside en las cosas que podemos controlar»[63] y, por lo tanto, el bien es el que triunfa en la historia, puesto que sus leyes son las mismas. En esta manera de entender la ética, que no es la shestoviana, los hechos son los que determinan de una u otra manera nuestra vida,[64] quedando situada la libertad siempre ante la necesidad de asumir los hechos como inamovibles hacia el pasado y como previsibles hacia el futuro: «Transforma un juicio puramente empírico, la constatación de un hecho, en un juicio universal y necesario; en otras palabras, vuelve lo "real" definitivamente y para siempre inmutable, lo fija *in saecula saeculorum*».[65]

Esto es lo que aduce Shestov sobre la sentencia «Sócrates está muerto»[66] y, también, sobre el hecho de que Hitler haya entrado en Austria: «Hitler ha llegado a Austria: yo estoy *obligado* a admitir que esto debía ocurrir, que esto es. Pero yo no estoy convencido de esto».[67] Admitir los hechos como necesarios puesto que lo pasado no puede ser cambiado por su propia naturaleza, tiene consecuencias para la libertad. Libertad es vivir luchando contra el poder de las evidencias que intentan obligar a aceptar que «Hitler ha entrado en Austria» y que hay que vivir a partir de ese hecho que es necesario por el hecho de haber ocurrido. Pero otra ética es posible.

La libertad es «el don más valioso del Creador»[68] al ser humano.[69] La libertad radical no es la que ya está situada en la distinción entre el bien y el mal ni la sometida al poder de los hechos: «El "hecho", lo "dado", la "realidad" no nos dominan, no determinan

[61] Cfr. AJ, p. 182.

[62] *Ibid.*, p. 59.

[63] BJ, p. 517.

[64] Cfr. AJ, p. 71.

[65] *Ibid.*, p. 234.

[66] Cfr. «De la filosofía medieval (*concupiscentia irresistibilis*)», *Ibid.*, pp. 323 ss.

[67] RC, p. 159.

[68] AJ, p. 68.

[69] Por eso es certero que «according to Shestov man was not created as fundamentally rational», texto de Paul Rostenne, *Léon Chestov: philosophie et liberté.* Burdeos: Éditions Bière, 1994, p. 92. Tomado de Adam Drozdek, *op. cit.*, p. 477.

nuestro destino ni en el presente ni en el futuro ni en el pasado. Lo ocurrido se convierte en no ocurrido, el hombre regresa al estado de inocencia y a esa libertad divina, libertad para el bien, ante la cual palidece y se extingue nuestra libertad de elección entre el bien y el mal o, más precisamente, ante la cual nuestra libertad se manifiesta como una lamentable y oprobiosa esclavitud».[70] La libertad no puede quedar encerrada en los márgenes que nos conceden la razón, por un lado, y los hechos, por otro. Esta libertad hiperbólica, si se nos permite la expresión, es de tal magnitud que según Shestov tenemos miedo a ella: «La libertad siempre ha asustado a los hombres acostumbrados a pensar que su razón está por encima de todo en el mundo»,[71] y de ahí que se pregunte si «¿deseamos esa libertad?».[72] Otra relación de la libertad y la verdad defiende Shestov: «Allí donde hay verdad, no hay ni puede haber constreñimiento: allí vive la libertad».[73] Una de las concreciones de la creación *ex nihilo* es una libertad donde hasta el pasado puede cambiar.[74] ¿Qué es, entonces, esta libertad?

> La serpiente dijo al primer hombre: «*Eritis sicut dii, scientes bonum et malum*».[75] Pero Dios no conoce el bien y el mal. Dios no «conoce» nada, Dios todo lo crea. Y Adán antes de la caída participaba en toda la omnipotencia divina; fue solo después de su caída cuando cayó en poder del conocimiento, y en ese instante perdió el don más preciado de Dios, la libertad. Porque la libertad no reside en la posibilidad de elegir entre el bien y el mal, como estamos condenados a pensar. La libertad es la fuerza y el poder de no permitir que el mal penetre en el mundo. Dios, el ser más libre, no elige entre el bien y el mal.[76]

La libertad es una fuerza o un poder mediante el cual no dejamos que el mal entre en el mundo. Pero, por otro lado, aquella libertad no se enreda ni conoce la distinción entre el bien y el mal. Esta sentencia paradójica muestra la singularidad de una libertad que no se enreda en explicaciones del mal para agarrarse a lo ético como si fuera lo universal lo que nos salva. Es una ética, la shestoviana, que sabe lo suficiente del mal como para combatirlo y lo suficientemente poco como para no enredarse con él. Es una libertad para el bien, que es la misma libertad, antes de la distinción entre bien y mal por el conocimiento. El ser humano participaba de la potencia divina, de la libertad divina, antes de la caída. Sintió miedo, como antes hemos comentado, y prefirió

[70] AJ, p. 71. Es imposible no ver referencias, aunque Shestov no las indique, con el interludio de Søren Kierkegaard, *Migajas filosofías o un poco de filosofía*. Madrid: Trotta, 2016, pp. 86 ss.

[71] PC, p. 96.

[72] AJ, p. 108.

[73] *Ibid.*, p. 261.

[74] Cfr. Julia V. Sineokaya; Anton M. Khokhlov, *op. cit.*, p. 218.

[75] «Y seréis como dioses, sabedores del bien y del mal» (Gn 3, 5).

[76] AJ, pp. 308-309.

agarrarse al poder del conocimiento, que no es más que otra forma de perder la libertad. ¿Qué idea hay aquí de Dios y de lo real? De Dios ya hemos mostrado que es libertad. Esto, evidentemente, no le lleva a afirmar la maldad de Dios, pero sí a subrayar que no es mayor la locura de quien se somete a Dios que la de quien se somete a los poderes de la razón: «la esfera de lo verdaderamente existente es una esfera de libertad absoluta, no de esa libertad "racional" que los hombres imponen incluso a Dios, sino de una libertad ilimitada, compuesta por esos arbitrarios "de repente" que en Plotino sustituyeron los anteriores "por necesidad"».[77]

La realidad es comprendida también por Shestov como libertad. Así fue creada por Dios, según las Escrituras. Esa libertad es de la que quiso que participáramos los seres humanos y la naturaleza. Es una libertad que no es la de elegir entre órdenes ya constituidos, «sino esa libertad que, según la expresión de Kierkegaard, constituye la posibilidad».[78] Si hay que elegir entre el bien y el mal, la libertad ya está atrofiada o perdida. La creación no es el origen del mal. Tampoco lo es la libertad en sentido estricto, sino el saber, el ansia de saber: «El hombre debe poseer una libertad infinitamente mayor, cualitativamente muy distinta, una libertad que no consista en elegir entre el bien y el mal, sino en librar al mundo del mal».[79] Por lo tanto, el ser humano puede y debe tener otro tipo de relación con Dios: «Un Dios en el que "todo es posible", que se identifica casi con su posibilidad infinita. Por ello, la relación del sujeto existencial con Dios no es una relación de inteligibilidad, ni de certidumbre, sino de incertidumbre».[80]

La pregunta que sigue es si es posible o no recuperar esa libertad que hemos perdido por dejarnos llevar por los encantamientos acústicos de la razón. Shestov considera que la categoría del pecado original no es reducible al significado teológico. La historia de la filosofía también tiene su pecado original y sus relatos: «el pecado original de la filosofía comenzó con Tales de Mileto y Anaximandro».[81] ¿Por qué? Porque tanto en uno como en el otro «lo individual, lo particular, lo diferente era declarado irreal y audaz».[82] No toda la historia de la filosofía ha seguido ese camino, como ya he mencionado en el punto anterior, sino que hay vidas y filosofías que muestran en qué consiste el estado de inocencia en clave filosófica, es decir, cómo es posible vivirse en el estado de inocencia hoy y si es posible volver a nacer (Jn 3, 1-8). ¿Cómo es el proceso de volver a nacer, volver a recuperar la libertad, volver a hacer posible lo imposible, volver a recuperar lo perdido?

[77] BJ, p. 543.

[78] K, p. 276.

[79] *Ibid.*, p. 276.

[80] Oliver Salazar-Ferrer, «Benjamin Fondane et la crise de réalité». *Comprendre: Revista catalana de filosofia* [Barcelona], 15/1, 2013, p. 75.

[81] BJ, p. 231.

[82] *Ibid.*, p. 231.

> La verdadera libertad que hemos perdido en ese misterioso instante en que nuestra alma, embrujada por un hechizo incomprensible, se apartó del árbol de la vida para gustar los frutos del árbol de la ciencia, no renacerá más que cuando el conocimiento pierda el poder que ejerce sobre el hombre, cuando el hombre aprenda, finalmente, a ver en «la razón que ávidamente aspira a las verdades generales y obligatorias» y en las *veritates emancipatae a Deo* esa *concupiscentia inviciblis* que el pecado introdujo en nuestra tierra.[83]

Es posible recuperar esa libertad radical si dejamos de dar poder al conocimiento: «debo asesinar la verdad del hecho en mí».[84] La libertad es posible, aunque suponga un esfuerzo inmenso. ¿Quién puede ayudar a la libertad a devenir más libre? La fe. Esta no es planteada por Shestov desde claves estrictamente religiosas. Aparece, en relación con los temas que estamos viendo, como aliada de la libertad, una fuerza creadora, un don insuperable que pone fin «al conocimiento con sus "posibles" e "imposibles"».[85] Ella ayuda al ser humano a pensar las categorías que vive, y no viceversa; una aliada de la libertad que posibilita una manera diferente de vivir en la verdad; ayuda a ver que «la verdad no está compuesta por el mismo material que conforma las ideas. Ella vive, tiene sus demandas, gustos e incluso, por ejemplo, lo que más teme es aquello que en nuestra lengua se llama "encarnación"».[86] Esto significa que la verdad hay que buscarla para encontrarla, con gemidos y lágrimas, como decía Pascal.[87] Quien quiere apresarla, es decir, «encarnarla» para después indicar a todo el mundo lo que debe pensar y afirmar, se verá frustrado. No se puede poseer la verdad y, si pudiera poseerse, no sería una verdad relevante: «El misterio es tal que no puede ser revelado; la Verdad solo la alcanzamos si no deseamos poseerla, utilizarla para necesidades "históricas", es decir, dentro de los límites de la única dimensión del tiempo que conocemos».[88] La verdad más radical en la que vivimos es que todo es posible, no lo contrario: «Como le parece ahora a la humanidad contemporánea, que, por la propia esencia del asunto, en la vida no puede haber ni misterios ni milagros».[89] Aquí el papel de la razón es otro, no es la que juzga y ordena lo posible/imposible, sino, como descubre Shestov analizando a Jaspers, «iluminar y volver transparente lo que ha sido creado y llamado a ser antes que la razón y sin ella».[90]

[83] K, p. 277.

[84] RC, p. 89.

[85] AJ, p. 392.

[86] PC, p. 236.

[87] BJ, pp. 293 y 395.

[88] *Ibid.*, p. 119.

[89] *Ibid.*, p. 227.

[90] SR, p. 159.

4. Conclusiones

El pensamiento de Shestov puede seguir ayudando a las búsquedas filosóficas actuales. En esta conclusión daré cuenta del cumplimiento de los objetivos de esta investigación, así como pistas futuras de reflexión.

El objeto de esta investigación era mostrar el análisis filosófico de la libertad y el mal en Shestov. He mostrado que la idea misma de filosofía está ya transida de la problemática de la libertad. Su filosofía es un subrayado, exagerado si se quiere, de la relevancia de una libertad que no quede encuadrada ni bajo los principios de la lógica ni en los valores autónomos de una ética. Su planteamiento exigía, por lo tanto, mostrar en un primer punto qué idea de filosofía tiene Shestov y de cuáles se separa. En ese diálogo, aunque de manera sucinta, hemos mostrado cómo la idea de filosofía va unida a una comprensión de la vida como libertad radical, donde la verdad se deja decir no en un lenguaje científico-matemático, sino que tiene que acudir a otras sabidurías. La razón no puede ser la señora a la que se somete todo, sino la servidora de la vida.

Esta idea de la filosofía como libertad que se enfrenta a las verdades impuestas o descubiertas por la razón la hace trágica y existencial. Esta idea de filosofía se acerca al tema del mal no desde el conocimiento que lo conceptualiza, puesto que sería contradictorio con el camino realizado. Él se acerca dando un rodeo por la sabiduría bíblica, *Jerusalén*, para mostrar que el conocimiento, donde lo esencial es lo universal y no lo particular, es el origen de los males. El ser humano no puede conseguir la libertad porque la razón científico-matemática se la conceda. La libertad es una fuerza creadora que ella misma la hace real. Esto hace que el tema del mal no pueda ser analizado desde las teodiceas modernas y clásicas.

Dios es lo mismo que afirmar que todo es posible, y sin esto la libertad no ha sido suficientemente defendida. De lo contrario no se entiende nada de la revelación bíblica. Hay una manera de entender *Atenas* que mata o prostituye a *Jerusalén* y otras sabidurías a las que él le dedicó los últimos días de su vida. Pero esto no puede llevarnos a pensar que Shestov es o un enemigo de toda razón o un defensor de una incompatibilidad radical entre el Dios de Abrahán y el Dios de los filósofos. Estará en contra del Dios de Hegel o de Spinoza, pero no del Dios de Dostoievski o de Kierkegaard, por citar algunos. Desde estos mimbres podemos replantear hoy un análisis del bien que está más allá del ser y una verdad en la que se pueda vivir.

Referencias bibliográficas

ARISTÓTELES, *Metafísica*. Madrid: Gredos, 1998.

BARANOFF-CHESTOV, Nathalie, *Vie de Leon Chestov. L'Homme du souterrain*, vol. I. París: Editorial de la Différence, 1991.

BARANOFF-CHESTOV, Nathalie, *Vie de Leon Chestov. Les dernières anées*, vol. II. París: Editorial de la Différence, 1993.

CHESTOV, Léon, «A la mémoire d'un grand philosophe, Edmund Husserl». *Revue philosophique de la France et de l'étranger* [París], 01, 1940, pp. 5-32.

CHESTOV, Léon, *Sola fide. Luther et l'Église.* París: Presses Universitaires de France, 1957.

CHESTOV, Léon, *Spéculation et Révélation.* Lausana: L'Age d'Homme, 1981.

DROZDEK, Adam, «Shestov: Faith Against Reason». *Laval théologique et philosophique* [Quebec], 63/3, 2007, pp. 473-493.

DOBRE, Catalina Elena, «El universo filosófico de Lev Shestov». *Metafísica y persona* [Puebla-Málaga], 12/23, 2020, pp. 71-91.

DOBRE, Catalina Elena, *Lev Shestov: El hereje de la razón.* Sevilla: Thémata, 2022.

FONDANE, Benjamin, *Rencontres avec Léon Chestov.* Texto establecido por Nathalie Baranoff y Michel Carassou. París: Non Lieu, 2016.

HUSSERL, Edmund, *Investigaciones lógicas*, I. Madrid: Alianza Editorial, 1999.

KIERKEGAARD, Søren, *Migajas filosofías o un poco de filosofía.* Madrid: Trotta, 2016.

LEVINAS, Emmanuel, «Léon Chestov. *Kierkegaard et la philosophie existentielle (Vox clamantis in deserto)*». *Revue des études juives* [París], 2/102, 1937, pp. 139-141.

MCLACHLAN, James, «The *Il y a* and the *Ungrund.* Levinas and the Russian Existentialists Berdyaev and Shestov». *Levinas Studies* [Charlottesville], 11/1, 2016, pp. 213-236.

OPPO, Andrea, *Lev Shestov: The Philosophy and Work of a Tragic Thinker.* Boston: Academic Studies Press, 2020.

ROSTENNE, Paul, *Léon Chestov: philosophie et liberté.* Burdeos: Éditions Bière, 1994.

SALAZAR-FERRER, Oliver, «Benjamin Fondane et la crise de réalité». *Comprendre: Revista catalana de filosofia* [Barcelona], 15/1, 2013, pp. 71-90.

SHESTOV, Lev, *Potestas Clavium. El poder de las llaves.* Madrid: Hermida, 2019.

SHESTOV, Lev, *En la balanza de Job. Peregrinaciones por las almas.* Madrid: Hermida, 2020.

SHESTOV, Lev, *Kierkegaard y la filosofía existencial.* Buenos Aires: Editorial Sudamericana, 1947.

SHESTOV, Lev, *Atenas y Jerusalén.* Madrid: Hermida, 2018.

SINEOKAYA, Julia V.; KHOKHLOV, Anton M., «Lev Shestov's Philosophy of Freedom». *Studies in East European Thought* [Berlín], 68, 2016, pp. 213-227.

VEIDLINGER, Jeffrey, *En el corazón de la Europa civilizada. Los pogromos de 1918 a 1921 y el comienzo del Holocausto.* Barcelona: Galaxia Gutenberg, 2022.

VILLELA-PETIT, Maria, «Au nom de singulier le défi de Bejamin Fondane à Husserl». *Itinera* [Milán], 6, 2013, pp. 114-133.

Ángel VIÑAS VERA

EL TRABAJO COMO DIMENSIÓN ANTROPOLÓGICA: FENOMENOLOGÍA DEL CUERPO OBRERO

Marcela VENEBRA MUÑOZ

Universidad Nacional Autónoma de México
e-mail: mvenebram@uaem.mx
N.º ORCID: 0000-0003-3880-8155
DOI: 10.60940/comprendrev26n1id427450

Article rebut: 08/02/2023
Article aprovat: 20/09/2023

Resumen

El objetivo principal de este artículo es mostrar el modo en que la fenomenología husserliana del cuerpo propio posibilita la radicalización del concepto marxiano de trabajo mediante una reconducción a su génesis de sentido en el esfuerzo. El esfuerzo está en la génesis egoica del trabajo, es su origen trascendental, condición que expongo en el primer apartado, dedicado a una descripción fenomenológica del esfuerzo. En un segundo momento me centro en el análisis de la voluntad egoica que emana del esfuerzo y que Husserl propone como libertad. Esta idea de libertad conforma el núcleo antropogénico del trabajo, y tiene un contenido material e histórico que se expone en el tercer y último momento de este texto. En última instancia, este artículo aspira a mostrar la cercanía teórico-práctica del materialismo husserliano y el utopismo científico de Marx. La radicalización fenomenológica del análisis del trabajo desemboca en la generación de un campo entero de convergencia entre la teoría marxiana de la revolución y la idea husserliana de una conciencia despierta y libre.

Palabras clave: Corporalidad, esfuerzo, voluntad, libertad.

The work as anthropological dimension: phenomenology of the worker body

Abstract

The central objective of this paper is to expose how the husserlian phenomenology of the own body enables the radicalization of work in its Marxian basis. This radicalization consists in a reduction of work concept to its genesis in the efforted acts. The effort is at the root of wear away that Marx proposes as an exponent of concrete work, a condition that is developed in the first section —consistent in a phenomenological description of effort. In a second moment, I focus on the analysis of the egoic will that emerges from the effort and that Husserl defines as freedom. This idea of freedom is the anthropogenic core of the work, and it has a material, historical content that is exposed in the third and last moment of this text. Finally, this paper aims to show the theoretical-practical closeness of Husserlian materialism, and the scientific utopianism by Marx. The phenomenological radicalization of work leads to the generation of a whole field of convergence for the Marxian theory of revolution, and Husserlian idea of an awake free conscience.

Key words: Corporeality, effort, will, liberty.

1. Introducción

El trabajo no es un modo entre otros de relación o trato con el cuerpo, sino una dimensión existencial o antropogénica, que envuelve la condición humana, y que materialmente la unifica. El trabajo es un «fenómeno fundamental de la existencia humana» en el sentido que Fink o que —críticamente— Javier San Martín dan al término.[1] Para Kojève, un fenómeno antropogénico abarca las condiciones generativas de la humanidad: el trabajo produce genérica o generativamente al cuerpo humano.[2]

El trabajo es humanizante, pero también, y esencialmente, alienante. Si bien como fenómeno o dimensión antropológica el trabajo no es una relación o un lidiar con el

[1] Críticamente, porque San Martín reconoce la problematicidad de la amplitud con la que Fink utiliza este concepto, como un rasero por el que pasan tanto afecciones o sentimientos (el caso de la dignidad) como dimensiones humanizantes concretas, el propio trabajo. Considerando precisamente las esferas en las que la existencia se despliega como actividad humanizante, Javier San Martín describe el trabajo, el amor, la muerte y el juego más bien como «escenarios de la vida humana». Cfr. Javier San Martín Sala, *Teoría de la cultura*. Madrid: Síntesis, 1999, p. 220; Javier San Martín Sala, «Natur und Verfassung des Menschen. Zur Anthropologie Eugen Finks». En: Anselm Böhmer, *Eugen Fink. Sozialphilosophie, Anthropologie, Kosmologie, Pädogogik, Methodik*. Wurzburgo: Koenigshausen, 2006, pp. 114-127 y pp. 114-115. Este mismo concepto, fundamental en todos los modelos contemporáneos de antropología filosófica —o por lo menos los más potentes—, se presenta también en la antropología de Eduardo Nicol como «situaciones vitales», concepto que Nicol utiliza para describir los modos de relación específicos que integran la situación vital de lo humano. Cfr. Eduardo Nicol, *Psicología de las situaciones vitales*. Ciudad de México: FCE, 1996. Este esquema en realidad es de Dilthey, por lo menos para las ciencias sociales modernas; es Dilthey quien instaura esta perspectiva unitaria sobre la vida humana como vida en relación, relativa a la naturaleza, los otros, los dioses y el sí mismo. Estas relaciones se despliegan conforme a su propio orden de legalidad, pautas concretas de acción que se sujetan a factores universales que inciden en la vida individual, el azar, la necesidad y la libertad. Cfr. Eduardo Nicol, *La idea del hombre*. Ciudad de México: FCE, 1977, pp. 34-35. Los polos de relación y los factores de la acción integran para Nicol la estructura de la situación vital del animal humano: el trabajo es el modo de relación fundamental con la naturaleza o lo otro de lo humano, la religión con los dioses, la filosofía con el sí mismo, etc. Conforme a este esquema los mismos escenarios de la existencia tienen en realidad cabida en cada uno de los ámbitos de relación.

[2] Cfr. Alexandre Kojève, *La concepción de la antropología y del ateísmo en Hegel*. Trad. Juan José Sebreli. Rev. Alfredo Llanos. Buenos Aires: Leviatán, 2007.

cuerpo, uno entre otros vínculos de apropiación posibles, sí engendra un modo de relación o trato de la carne como materia, cosa y mercancía. El cuerpo así entendido es producto del yo, lo que simbólica y espiritualmente resulta del haber de la carne, porque la conformación del carácter personal se entiende como un proceso de historización de la carne: el cuerpo es producido por el yo, significado por una voluntad que le atribuye o le niega su valor; que lo pone en circulación en el mercado como mercancía. El cuerpo como producto no equivale al cuerpo como mercancía, el primero es la meta infinita de la apropiación que se entiende aquí como historización del cuerpo o territorialización de la carne, no como alienación sino como constitución de sentido sobre —o en torno a— la heterogeneidad originaria, ontológica, entre el yo y su cuerpo. La producción y economía del cuerpo implica una profundización o radicalización de la hendidura entre la voluntad y la carne. El humano no anula en sus obras las determinaciones orgánico-materiales de su existencia, ni las suspende ni las supera, más bien profundiza, radicaliza la fisura en la que se distingue la voluntad libre, la conciencia, inmaterial pero encarnada, de la causalidad eficiente que rige la materialidad pasiva de su cuerpo.

El trabajo implica toda una dimensión existencial, que en la arquitectónica concéntrica de la persona y el carácter puede ocupar la posición más amplia y abarcante. El trabajo, en su forma alienada, no puede definir, sin embargo, ninguna vía de realización del hombre. El diálogo entre Marx y Husserl posibilita el deslinde entre dos dimensiones del trabajo, una que podríamos llamar auténtica o antropogénica y otra, más bien negativa, que Marx describe como enajenada.[3] La alienación del hombre por el trabajo no se entiende sino como lo opuesto de la praxis, si por praxis se entiende, tanto en Marx como en Husserl, la dimensión activa de la conciencia sobre lo inmediato (lo predado), la naturaleza. Para Husserl, la dimensión práctica de la conciencia es más bien un nivel que soporta los otros dos planos, el estimativo y el teórico; esas dos esferas son para Husserl formas o modalidades de la praxis, esto es, de la vida orientada o volcada al mundo. En Marx, el concepto cualifica esta actividad como transformadora, el modo de estar volcado al mundo es la transformación, tanto teórica como práctica, y en este sentido existe una franca coincidencia entre ambos, pues si bien la esfera práctica de la vida individual es la primera, en el curso del desarrollo de la persona la vida teórica también envuelve la orientación práctica y valorativa hacia las cosas del mundo. Valoramos lo que conocemos, etc. Esto significa que la praxis es actividad valorativa, reflexiva o teórica, y que abarca o envuelve todo hacer humano. En Marx, la praxis misma es un devenir activo, no pasivo, humanizante de la naturaleza, o naturalizante de lo humano: «En la medida en que el ser humano se ha hecho naturaleza para el hombre, la naturaleza se ha

[3] Rubio Llorente traduce como «enajenación» los conceptos *Entäusserung* y *Veräusserung* considerando que Marx los utiliza indistintamente en los textos editados en la MEGA, que es el texto de referencia de su traducción de los *Manuscritos de economía y filosofía*, en la edición aquí citada. Cfr. Karl Marx, *Manuscritos de economía y filosofía*. Trad. Francisco Rubio Llorente. Madrid: Alianza, 2013 (en adelante, *MEF*).

hecho ser humano del hombre».[4] Esta actividad es necesariamente interpersonal. La persona es el sujeto colectivo, esto es, el individuo en términos materiales es la unidad de capacidades y potencialidades realizables en la sociedad, con y a través de otros. El sentido de ser de lo social es la conformación de las condiciones para la plena realización de los individuos; esto también es el comunismo como culminación de la evolución humana: «El comunismo se conoce ya como reintegración o vuelta a sí del hombre, como superación del extrañamiento de sí del hombre».[5]

La fenomenología reconduce el trabajo a su principio en el esfuerzo como génesis de la voluntad que la producción encauza. Se trata de entender la relación entre las dos facetas de la constitución del cuerpo por el trabajo: su condición de productor y producto del mercado; y de comprender, con ello, el proceso por el cual su dimensión históricamente secundaria, como producto, se impone materialmente sobre su esencia productora, como en una «inversión real»[6] en la que lo fundado, o abstracto dependiente, se pone en la base de lo fundante, o concreto independiente. Lo que sigue es un ensayo o intento por tres vías de clarificación de las relaciones en las que el cuerpo se constituye para sí en el trabajo, como propio y como otro, radicalmente otro, pero en el sentido de la radicalidad que encarna una abstracción, o que materializa su propia enajenación.

La fenomenología de la corporalidad recorre la distinción vivida entre mi cuerpo como lo que soy y mi cuerpo como mi propiedad, como lo que tengo. Esta última condición es antropogénica, e implica una alienación o enajenación de la propiedad autosintiente del haber; la alienación se deriva de la hendidura en sí misma, la fisura ontológica de la unidad autosintiente de la conciencia, de la que el yo se desgaja como voluntad libre o no determinada por la materialidad del cuerpo. Esta distinción exhibe el reconocimiento de una estructura vital y experiencial conforme a la cual el yo se relaciona, se vincula, con lo que es él mismo, con su propio cuerpo.

El animal humano es sujeto autoconsciente y la autoconciencia es un momento evolutivo de la persona que, fenomenológicamente, es descriptible desde su raíz en el esfuerzo: «Finalmente todo remite comprensiblemente a la protocapacidad del sujeto y luego a la capacidad adquirida, surgida de la anterior actualidad de la vida».[7] Esa proto-

---

[4] K. Marx, *MEF*, p. 172.

[5] *Ibid.*, p. 173.

[6] Para Marx, como para Husserl, la crisis del pensamiento, que es crisis del sentido práctico de la existencia, comienza en una *methabasis* que produce una inversión de los valores de la realidad dependiente e independiente, lo abstracto y lo concreto, que en la ciencia se traduce en una inversión de las posiciones de lo fundado —las ciencias— en lo fundante —la lógica, la filosofía—. El dinero en su forma de salario es la abstracción que se pone en la base del trabajo concreto. El resultado de esta inversión es en ambos casos una deshumanización sobre la que la filosofía lleva un trozo de responsabilidad.

[7] Edmund Husserl, *Ideas relativas a una fenomenología pura y a una filosofía fenomenológica. Libro segundo: Investigaciones fenomenológicas sobre la constitución.* Trad. Antonio Zirión Quijano. Ciudad de México: UNAM-FCE, 2005, § 50, p. 302 (en adelante, *Ideas* II).

capacidad que surge de la vida es el esfuerzo. El esfuerzo es la génesis fenomenológica del trabajo, o la concreción material de la hendidura vinculante yo-cuerpo. El trabajo no suelda la distancia ontológica que separa la voluntad esforzada del cuerpo que gobierna —limitadamente—, sino que produce, profundiza y radicaliza esta distancia. La reducción del trabajo al esfuerzo nos permite entender la estructura material del desgajamiento de la voluntad egoica, irreductible al acontecimiento mundano que es su cuerpo.

El proceso de apropiación del cuerpo puede entenderse como trabajo, o producción del cuerpo, y esta clarificación explica, a su vez, sin justificarla, la alienación del trabajo y el cuerpo, que recomponen históricamente este vínculo originario, y desecan una dimensión o fenómeno humano fundamental, no individual sino genérico o generativo. Genérico es el término con el que Marx se refiere a lo que Husserl llama generatividad; se trata de la estructura transmisiva de la cultura que envuelve las determinaciones biológicas y los modos de transmisión histórica de las determinaciones materiales.[8] La generatividad y el género designan la materia de la historicidad. Uno de los aspectos más interesantes del significado del género en Marx es su relación con la autoconciencia, cuya concreción, ni en Marx ni en Husserl, está en el individuo, sino en lo social. La historia y la cultura son formas de autoconciencia o expresión de la condición genérica de lo humano: «Otro de los rasgos característicos de la naturaleza humana que aduce Marx es la conciencia, el ser-conciente: "la actividad vital consciente diferencia inmediatamente al hombre de la actividad vital animal. Precisamente y exclusivamente por eso es el hombre un ente genérico. O también: es un ente consciente, o sea, su propia vida le es objeto, precisamente porque es un ente genérico"».[9] Mientras que en Husserl la fenomenología generativa «es la dimensión más concreta de la fenomenología»,[10] pues abarca la historización individual como despliegue de una temporalidad transgeneracional en la que se concreta la temporalidad individual.

El esfuerzo funda el trabajo, la praxis, que es historización de la socialidad concretamente humana. Es posible esquematizar este planteamiento conforme a los tres momentos en los que se entiende la antropogénesis del cuerpo obrero: a) el esfuerzo, como origen del trabajo; b) la producción, como *telos* o finalidad del acto esforzado, y c) la alienación o enajenación del cuerpo, que abarca la producción del cuerpo como algo otro y como cosa.

---

[8] «El hombre es un ser genérico no solo porque en la teoría y en la práctica toma como objeto suyo el género, tanto el suyo propio como el de las demás cosas, sino también, y esto no es más que otra expresión para lo mismo, porque se relaciona consigo mismo como un ser universal y por eso libre (...). La universalidad del hombre aparece en la práctica justamente en la universalidad que hace de la naturaleza toda su cuerpo inorgánico, tanto por ser 1) un medio de subsistencia inmediato, como por ser 2) la materia, el objeto y el instrumento de su actividad vital». K. Marx, *MEF*, *op. cit.*, p. 141.

[9] György Márkus, *Marxismo y antropología*. Trad. Manuel Sacristán. Ciudad de México: Grijalbo, 1973, p. 48.

[10] Anthony J. Steinbock, *Home and Beyond. Generative Phenomenology after Husserl*. Evanston: Northwestern University Press, 1995, pp. 266-267.

2. Descripción del esfuerzo

El esfuerzo no es un movimiento instintivo ni meramente inercial, es del yo, no es reacción mecánica ni respuesta impulsiva, no es fuerza, o mejor, el esfuerzo es fuerza expuesta, orientada en una dirección, una fuerza que es sacada de un sí, de un espacio «interior» de la propia corporalidad; pero no es la expulsión, sino la dirección con la que esta fuerza es «empleada», la canalización del poder corporal conforme a algo que en primera instancia rebasa sus propios límites. El esfuerzo es el acto de mediatización de la fuerza por una orientación, dirección, cálculo, anticipación del resultado, y todo frente a una enorme posibilidad de fracaso.[11] El esfuerzo es el cuerpo empeñado en un «más allá» de la propia fuerza; el yo volcado en su cuerpo como propio y como medio empleado en la consecución de una meta no segura, no dada, cuyo alcance —o fracaso— forja genéricamente nuevas posibilidades.

Esforzar-se significa ir más allá de lo dado; en todo caso, de lo dado dentro de las potencialidades y capacidades, por así decir, «inmediatas» del propio cuerpo. Yendo más allá de sí, de lo pre-dado del cuerpo en el esfuerzo, el sujeto de la voluntad instaura cada vez nuevos límites materiales en el acto esforzado, pero esta instauración es en realidad una forma de cumplimiento o «planificación» del sentido de propiedad del cuerpo, es decir, el esfuerzo es un acto (no el único) de constitución del cuerpo como cuerpo propio, como objeto trascendente e íntima propiedad: es mi cuerpo, y al mismo tiempo soy capaz de rebasar, extender, llevar más allá sus posibilidades, esto es, empleo mi cuerpo, lo vuelvo a él mismo fuente de lo posible para mí.

«El intervenir de la voluntad: éste no es ya asociativo, pero se basa en las constituciones empíricas. Por tanto, el ejecutar un movimiento subjetivo en el mundo de las cosas como movimiento voluntario, el "intervenir", no es comprensible tal como un proceso físico meramente intuitivo, sino que tiene un estrato hiperfísico».[12] El estrato hiperfísico es la voluntad en tensión sobre el estrato físico. La conciencia encarnada que «despierta» en el esfuerzo es el yo individual; el esfuerzo, así pensado, es principio de individuación en la medida en que forja el horizonte de potencialidades del yo (en la esfera de la naturaleza) sobre la base de sus actos y capacidades presentes. El esfuerzo como empeño del yo, y de un yo despierto, tiene siempre un objeto como fin y meta; esto es

[11] Pero el fracaso, como apunta A. Serrano de Haro, no es del cuerpo sino del yo: «La atribución del mérito o demérito al sujeto de la actividad, desatendiendo o dando por supuesta la corporalidad omnipresente, se hace muy expresiva en los casos en los que es el propio lanzador quien se reprocha con acritud el fallo cometido; se culpa a sí mismo, a su persona soberana, no a algún miembro inhábil de su cuerpo sumiso ni a este en su integridad». Agustín Serrano de Haro, *La precisión del cuerpo. Análisis filosófico de la puntería.* Madrid: Trotta, 2007, p. 14. El cuerpo no puede ser «agente» del fallo porque no es «sujeto» sino medio de la voluntad, es la voluntad la que está en juego, o bien el cuerpo como órgano de esa voluntad.

[12] Edmund Husserl, *Ideas,* II, *op. cit.*, anexo XIV, p. 438. En este anexo Husserl es especialmente enfático en la idea de la «intervención». Se trata de un curso causal o habitual-material (acción mecánica del cuerpo) en el que «interviene» el yo como desde fuera de la determinación misma del decurso tal.

lo que hace de su despliegue algo más que la inercia de un peso sobre otro peso, o una limitada expresión de «fuerza»; se trata de una fuerza extraordinaria que, conforme a una meta no segura, pone en movimiento al cuerpo. El cuerpo esforzado tiene una función constituyente en la medida en que, sobre sus potencialidades y posibilidades actuales y latentes, se constituye protentivamente la realización de un acto, la concreción de una meta determinada por el yo.

En la raíz de la constitución de la identidad de los objetos espaciales están las potencialidades cinéticas o automovientes del propio cuerpo (y de sus órganos —los ojos— y extremidades). Las protenciones se enlazan con estas potencialidades efectivas y constituyentes de la corporalidad; en el esfuerzo las protenciones se enlazan con potencialidades corporales no dadas o no efectivamente dadas, de ahí el eventual fracaso de los actos esforzados. Esforzarse es llevar la propia corporalidad más allá de sus capacidades, más allá de su propia fuerza, implica tanto la constitución práctica de nuevas capacidades como el franqueo de imposibilidades reales, es decir, hacer posible lo «aparentemente imposible», como «unir» con un puente flotante los dos extremos de una cañada de veinte metros de profundidad, o hacer fuego. Toda la técnica humana se basa en esta posibilidad abierta más allá de los límites del propio cuerpo, de la propia estatura, o de la propia fragilidad. El esfuerzo implica la compleja objetivación de los límites corporales, y los trasciende; esto es lo que significa ir más allá de las capacidades dadas y del «mero» impulso.

El esfuerzo es resistencia al impulso, ya como impulso primario en la pauta higiénica en la que se instauran las fuentes de su valor, ya como impulsividad adquirida en el modo de hábitos personales o pautas íntimas de comportamiento que integran momentos de la estilística unitaria de la vida egoica. El esfuerzo es acto concretizante de la voluntad egoica, primariamente, como un «yo puedo»; el «yo puedo» está determinado por un «yo hago» que le precede, y en el que el esfuerzo se concretiza no sólo como unidad de la corriente intencional, sino como persona. Las capacidades físicas se convierten en capacidades espirituales a través del esfuerzo. En sentido genético, el esfuerzo en cuanto potencia del yo encarnado despierta como voluntad de autogobierno que se despliega complejizándose a la par que la estructura de la vida subjetiva y la experiencia personal del yo. Su primera valoración, como cumplimiento de un sí mismo libre, queda también instaurada en el cumplimiento de la pauta higiénica. El «yo puedo» que emana del esfuerzo es el sujeto capaz, autoconsciente.[13]

[13] «El "yo puedo" o la "capacitación" (*Vermöglichkeit*), como eso de lo que uno es capaz, resulta así una categoría fundamental en el análisis husserliano del modo como llegamos a un ser conscientes de nuestro mundo; y lo más elemental de lo que el ser humano es capaz es el poder-mover-se entre las cosas que le rodean (...). Comportarse significa, por tanto, el movimiento auto-dirigido en medio de las cosas y, en realidad, tomado primariamente de un modo completamente literal, como acercar-se, alejar-se, etc.». Ludwig Landgrebe, «El problema de la teleología y la corporalidad en la fenomenología y en el marxismo». Trad. Noé Expósito Ropero. *Acta Mexicana de fenomenología. Revista de investigación filosófica y científica* [Ciudad de México], 2, 2017, pp. 93-124, p. 103.

Mediante el cuerpo se detona un proceso humanizante del mundo-ambiente, porque el esfuerzo es humanizante no solo del cuerpo, sino del entorno. El mundo se ordena en función de la necesidad de autosubsistencia del cuerpo, la naturaleza paradójica del esfuerzo estriba en no ser, en cuanto acto libre, una necesidad, ni responde estrictamente a una necesidad. Si el esfuerzo es tendencia a un más allá de las determinaciones materiales efectivas de la corporalidad, no es necesario,[14] ni se corresponde con una necesidad *de facto,* por esto mismo el esfuerzo es del yo, no del cuerpo, y no es un protoacto, sino un primer acto, la básica actividad de un yo en vigilia; el esfuerzo es el despertar del ego a la pasividad de su cuerpo, su necesidad, urgencia y determinación. Esforzarse es resistir, en primera instancia, al mandato de la determinación sin necesariamente superarla, humanizarla sin rebasarla, significarla, encauzarla, sin solo subsistir o existir; el esfuerzo es el polo noético de lo posible en el mundo como horizonte vital. Al instaurar nuevas capacidades y cumplir otras, el «yo puedo» que se forma en el esfuerzo tiene un correlato determinado por el «yo hago»[15] al que corresponden dichas posibilidades, y la unidad de la correlación forma la estilística de la persona humana, su unidad o identidad personal.

El esfuerzo es desgajamiento del yo, desgarramiento de la unidad autosintiente del cuerpo vivido. La voluntad despierta en la superación del sueño y el cansancio; en el riesgo en que entra el cuerpo y entra el yo en todo acto esforzado, la voluntad emerge ahí y desde ahí. El esfuerzo es la condición material de estos modos de trato con el cuerpo, y la fuente de la adquisición del carácter personal o histórico del sujeto.

La voluntad implicada en todo acto esforzado es la dimensión que eslabona el devenir histórico-constituyente de la corporalidad, en el devenir histórico-teleológico la vida trascendental. Esta voluntad tiende originariamente a su «realización» o plenificación, a su concreción en el «despertar histórico de la conciencia», y el esfuerzo es su dimensión más básica, su raíz material y espiritual. El esfuerzo es el núcleo material de la voluntad humana como voluntad productora, pues el cumplimiento protentivo del acto esforzado produce nuevas capacidades y potencialidades del yo. El esfuerzo produce materialmente el cuerpo humano como cuerpo obrero.

Es condición esencial del esfuerzo el que, siendo un empeño individualizante, constituye la esfera en que arraiga la generatividad, el género humano. El cuerpo que el

[14] «La comparación con los animales nos muestra que esta explicación del origen del lenguaje a partir del trabajo y con el trabajo es la única acertada. Lo poco que los animales, incluso los más desarrollados, tienen que comunicarse los unos a los otros, puede ser transmitido sin el concurso de la palabra articulada». Friedrich ENGELS, «El papel del trabajo en la transformación del mono en hombre». En: Karl MARX y Friedrich ENGELS, *Obras escogidas*, vol. 2. Madrid: Akal, 2016, p. 80.

[15] «En referencia a mis actos de yo centrípetos, tengo la conciencia del "yo puedo". Son acciones, y en su curso entero yace precisamente no un mero ocurrir que va transcurriendo, sino que el curso ha salido siempre del centro-yo, y hasta donde esto sea el caso llega la conciencia del "yo hago", "yo actúo". Si el yo es "arrastrado" o "encadenado" de alguna forma por alguna afección, entonces el "yo hago" propiamente dicho se rompe, el yo está impedido como yo activo, es no libre, "movido, no moviente"». Edmund HUSSERL, *Ideas,* II, *op. cit.*, p. 305.

esfuerzo produce es el del sujeto personal concreto, pero he aquí lo genéricamente humano de este hecho, y es que este producto que es en sí mismo antropogénico es una adquisición comunitaria, social, y esto es lo que le da el carácter de producto, su inmediata conversión en adquisición y ganancia acumulada o sedimentada no solo para el individuo sino, a través del sujeto, para el género.

3. El cuerpo como órgano de la producción

La producción es el modo específico, o mejor, genérico de la subsistencia humana, tanto individual como colectiva. El hombre produce los medios de su subsistencia y esa es la génesis de su condición, ahí es persona o miembro de una colectividad extensa no solo en el espacio, sino coexistente también en el tiempo. No se confunde la producción con el trabajo, la producción es el fin del trabajo, se trabaja para producir algo; ese algo es, sin embargo, una cosa ya existente de algún modo en el mundo, en una forma previa al proyecto de su transformación. Producir es esencialmente transformar los objetos; más que creación, la producción es apropiación del entorno. El mismo modo de apropiación que se expone hasta aquí sobre el cuerpo, bajo la misma estructura que hace de lo otro del cuerpo algo para sí.

La naturaleza que se transforma es el correlato de la praxis, cuya primera forma es la producción. El trabajo como praxis transformadora o productora de la naturaleza produce en primera instancia al cuerpo vivido, se lo apropia.[16] La producción es apropiación,[17] como la apropiación del cuerpo es apropiación del impulso y de la necesidad, no la rebasa, la orienta, y en esa misma medida la desborda; este desbordamiento explica el hecho de que la producción exceda la satisfacción de lo necesario, «...y esta creación de necesidades constituye el primer hecho histórico».[18]

Esto quiere decir que la producción del cuerpo orienta primariamente los modos de la satisfacción, y esta pre-orientación es ya interpersonalmente prefigurada; los modos de satisfacción así producidos producen ellos mismos nuevas necesidades, de tal modo que en esa producción de lo satisfactorio, y no solo de lo necesario, se quiebra la unidad naturaleza / cuerpo, se escinde el metabolismo, y la producción no funciona aquí como sutura sino que profundiza, significa y orienta la escisión originaria —cuerpo / yo— del acto esforzado.

[16] «Podemos distinguir al hombre de los animales por la conciencia, por la religión o por lo que se quiera. Pero el hombre mismo se diferencia de los animales a partir del momento en que comienza a producir sus medios de vida, paso este condicionado por su organización corpórea. Al producir sus medios de vida, el hombre produce indirectamente su propia vida material». Karl Marx y Friedrich Engels, *La ideología alemana.* Trad. Wenceslao Roces. Madrid: Akal, 2014, p. 16.

[17] «Marx parte de la naturaleza como "la primera fuente de todos los medios y objetos del trabajo", es decir, la ve de entrada en relación con la actividad humana». Alfred Schmidt, *El concepto de naturaleza en Marx.* Trad. Julia M. T. Ferrari de Prieto y Eduardo Prieto. Madrid: Siglo XXI, 1976, p. 11.

[18] *Ibid.*, p. 23.

Al producir los modos de satisfacción a través de las adquisiciones del «yo puedo», se producen también las capacidades correlativas a estas mismas posibilidades para un «yo hago». El yo produce su cuerpo, y el cuerpo es órgano de la producción porque produce sus propias capacidades en la producción de sus necesidades. La naturaleza como lo otro es el primer producto del trabajo como concreción esforzada de la praxis: la praxis es generativa. El sujeto aprende a usar su cuerpo, sus propias potencialidades son descubiertas gracias al «cuidado» del otro, a la forma y el desarrollo de las capacidades y potencialidades de los otros. La praxis humana es una disposición ontológica históricamente adquirida, pero no en el modo de algo que se instaura desde un afuera —una exterioridad previa—, sino en el modo de la apropiación, de la vitalidad colonizada de sentido y de significado por la voluntad.

En el límite de la génesis se trata la masa heredada y hereditaria del instinto y los valores espirituales que lo ordenan y significan; en términos antropológicos, es la tradición como marco de sentido espiritual, materialmente prefigurado, lo que conforma esta herencia *trans* o intergeneracional. No caemos en el mundo como la nieve, afirma Husserl, este mundo es el legado de una larga cadena de generaciones humanas; nacemos, pues, en una tradición (en el eslabón de una cadena de generaciones) y, con ello, en un horizonte de sentido, de significado, de valoraciones y posibilidades para cada sujeto. La tradición y el horizonte cultural de las personas es un legado generacional o generativo, o genérico, que el individuo no solo recibe pasivamente. Si bien no es creador de la cultura en la que nace, sí recrea la materia que hereda y transmite a su vez ese movimiento en que se reactivan desde sí los valores heredados, en la aceptación o en el rechazo. La generatividad, o el ser genérico, es el núcleo o contenido material de la historicidad, de lo que para Marx significa el decurso evolutivo del humano como especie. Cada acervo histórico es materia de re-creación y reactivación de un sentido totalizante del horizonte espiritual.

Para Marx, la condición genérica es el proceso de universalización del ser humano, o bien, de disolución del antagonismo entre el interés social y la necesidad individual; dicho con otras palabras, la humanización del mundo, el logro mismo de la condición humana. La historia es la tendencia a su resolución por la generación de condiciones de existencia cada vez más perfectas, o bien más libres. Marx concibe la historia como un continuo tender a la libertad, a la liberación de la necesidad de subsistencia como objetivo de la colaboración social, que equivale a la plena realización de las capacidades y potencialidades humanas. La condición genérica del humano es descriptible en términos de una sedimentación intergeneracional en cuya trama se constituye la historia del trabajo como continua transformación —evolutiva— de los modos de producción, es decir, de las formaciones sociales concretas. Las formaciones sociales como unidades productivas son las estructuras metabólicas específicamente humanas —o económicas— que conforman la unidad humanidad / naturaleza.

El sujeto no es una individualidad pasiva o meramente receptiva, sino quien produce, quien se autoconstituye en la vigilia de su lucidez histórica, consciente y autoconsciente, la propia estructura generativa de la producción así lo determina, porque la generatividad implica procesos de transformación en el acto transmisivo en cuanto tal, no sólo como formas reproductivas variables, o profusas interpretaciones posibles; más bien son los enteros modos de apropiación de lo dado lo que se transforma en cada generación. No obstante, la estructura misma de la transmisión de toda pauta tradicional y la tendencia a la apropiación es lo que fenomenológica o experiencialmente importa. La cultura y la tradición se transforman porque cambian efectivamente los modos de apropiación de la materialidad del cuerpo, o bien los modos de producción de la naturaleza en el nivel primario de medio de subsistencia. La individuación recae materialmente sobre las formas de apropiación y reconocimiento de lo dado, sobre la producción.

Este proceso generativo es el *qué* de la socialidad, tanto en Marx como en Husserl; en su base está la posibilidad de autoconciencia, y la posibilidad de comportamiento para consigo mismo que esto implica. Es el yo quien produce, esto es, quien constituye, en el decurso de su autoconstitución, o bien, de la configuración histórica de su autonomía individual, de su cuerpo como órgano productivo. La vida de conciencia para Marx es vida material, es vitalidad orgánica tendente a su propia realización y libre en su autodeterminación frente a la necesidad. La vida subjetiva para Husserl es vida encarnada constituyente de mundo. La producción significa la concreción de la potencia trascendental en su devenir histórico o constitutivo; así, todo lo afirmado sobre el trabajo como actividad productora hace inteligible una dimensión de la vida trascendental como actividad constitutiva, y autoconstitutiva.

El trabajo en sentido auténtico es el trabajo que produce algo, como un cesto o una libra de carne, o una partitura, un sistema hidráulico, un nuevo instrumento musical o una vacuna, es decir, algo real e ideal, todo lo que el humano produce tiene estas dos dimensiones, y esta es su estructura generativa.[19] La idealidad de los objetos producidos es lo que se hereda, la estructura y la forma de los procesos más bien que los objetos mismos, la posibilidad de ese mismo trabajo vivo. Trabajar es producir, lo que se produce es para otros, con otros, en otros, en el sentido de ser los depositarios de un cierto legado de conocimientos, creencias y pautas simbólicas que orientan nuestra actividad en el mundo.

[19] La objetividad ideal es un núcleo de sentido intersubjetivamente constituido y reactivable. La reactivación de sentido que en el trabajo se despliega es historizante porque es creadora (ontogénica) o transformadora de lo que hay; esta transformación es el contenido de un nuevo nivel de historización: «Esta es propia de toda una clase de productos espirituales del mundo cultural al cual pertenecen todas las formaciones científicas y las ciencias mismas, aunque también, por ejemplo, las formaciones de las artes literarias. Obras de esta clase no tienen, como las herramientas (martillos, tenazas) o las obras arquitectónicas y productos por el estilo, una reiterabilidad en varios ejemplares iguales entre sí. El teorema de Pitágoras, como la geometría en su integridad, existe solo una vez, no importa cuantas veces sea expresado ni tampoco el idioma en que se exprese. Es idénticamente el mismo». Edmund Husserl, «El origen de la geometría». Trad. Jorge Arce y Rosemary Rizo-Patrón de Lerner. *Estudios de filosofía* [Lima], 4, 2000, p. 36.

El yo produce su propio cuerpo en el establecimiento de límites cada vez más distantes de sus propias posibilidades orgánicas; trae al mundo, por la apropiación, la entera novedad de sus productos, del resultado de su esfuerzo, la original individualidad de su propia presencia. La vida trascendental es el proceso mismo de la historicidad, del devenir de la naturaleza como horizonte práctico de realización del yo. Lo que para Marx es la posibilidad de la libertad, para Husserl es la efectividad de la voluntad como momento concretizante de la vida trascendental, esto es, exposición en carne y hueso de esa posibilidad que Marx avista en el futuro y que para Husserl constituye el núcleo del presente viviente, como mío, como el sujeto que produce. Sobre este punto preciso podemos aplicar a Marx y Husserl lo que Marx afirma de Proudhon y Ricardo, respectivamente, y es que Proudhon convierte en utopía lo que Ricardo describe científicamente de la estructura económico-política de su propio momento histórico.[20] La voluntad concretada en el esfuerzo es el sustento material de la idea no metafísica de libertad que Marx intenta fundar filosóficamente (utópicamente). La apropiación del cuerpo en el trabajo es su producción, la apropiación concretamente humana del mundo en torno y el más allá de este, es la producción del sí mismo. No existe una materia pura[21] o abstracta para la producción, la materia de la transformación es una masa generativa primordialmente espiritual, la naturaleza es primariamente una realidad espiritual e históricamente heredada, transformada en el acto mismo de la apropiación.

El trabajo no absolutiza la dirección de la vida humana, pero es una dimensión esencial de su realización. Marx distingue entre un sentido auténtico del trabajo, que emana del comunismo, y un sentido alienado del mismo, que es básicamente continuado a través de todos los sistemas productivos. En el sistema capitalista la alienación del trabajo alcanza tal punto de deshumanización que el trabajo deja de hecho de ser productivo. La reducción del esfuerzo del obrero a pura fuerza física, a la presencia de su cuerpo en un espacio, alcanza los niveles más agudos de deshumanización. A partir de aquí la distinción entre trabajo auténtico y trabajo alienado aclara la distinción entre las formas de la socialidad auténtica e inauténtica o alienada y, desde luego, de la conciencia, como conciencia auténtica o alienada, falsa conciencia —en la *Ideología alemana*— y conciencia de clase. La distinción entre trabajo auténtico e inauténtico como la

[20] «La teoría del valor de Ricardo es la interpretación científica de la vida económica actual; la teoría del valor de Proudhon es la interpretación utópica de la teoría de Ricardo». K. Marx, *Miseria de la filosofía. Respuesta a la filosofía de la miseria de P.- J. Proudhon*. Ed. Martí Soler. Ciudad de México: Siglo XXI, 1987, p. 18.

[21] Para Marx, la ingenuidad del materialismo de Feuerbach radica precisamente en pretender partir de una naturaleza en sí, más allá o más acá de la praxis; esta ingenuidad deriva en un naturalismo que a su vez engendra una visión meramente epifenoménica de la vida de conciencia: «El materialismo anterior a Marx se basaba en la gnoseología tradicional que arranca de una cortante separación, contraposición y comparación entre los contenidos individuales de conciencia y el conjunto de la realidad material; por eso dicho materialismo no ha podido respetar la unidad fáctica del hombre 'material' y el hombre 'espiritual-moral' más que degradando la conciencia, la 'vida interior' del hombre a una especie de derivativo 'mundo de las sombras', secundario y ontológicamente irreal: a la condición de epifenómeno». György Márkus, *op. cit.*, p. 52.

más básica de estas oposiciones se explica por la condición no objetiva del esfuerzo en el que pervive la voluntad egoica. El trabajo inauténtico es el trabajo alienado, aquel en el que no se realiza el sujeto, ni sus capacidades ni su cuerpo, sino que, por el contrario, se limitan y maquinizan en un proceso enajenante de su propia voluntad productiva.

Sin la grieta ontológica que abre el esfuerzo no se entendería la base espiritual de la producción, la independencia del valor espiritual del objeto como producto, y de la materialidad transformada en el proceso productivo. La acción productiva humana es un acto físico espiritualmente orientado. Transformar significa esta mutación de la materia en algo más que *res,* en cultura, en valor del género humano. El rasgo antropogénico del trabajo es la producción de la necesidad y no solo de la satisfacción. En la vida animal impera la unidad entre la necesidad y la satisfacción, el quiebre de esta unidad en el esfuerzo es ya la primera transformación de lo dado, o pre-dado, del propio cuerpo —en su materialidad autosintiente.

La base espiritual de la producción es su contenido ontogénico, lo que significa, pues, traer a existencia algo que no es; producir implica proyectar no desde la nada, sino desde el núcleo generativo, genérico que cada individuo se apropia activamente. La condición del cuerpo como haber es la condición material, no meramente formal, del cuerpo como otro, y en cuanto tal, del cuerpo como cosa, como objeto, y como mera fuerza, o bien como producto de un proceso no necesariamente apropiante o productor, sino alienante y deshumanizante, su conversión en mercancía.

4. El cuerpo como producto

La enajenación del trabajo es alienación de sí, del propio cuerpo, deposición de la voluntad para el mantenimiento físico del cuerpo (por la mera subsistencia). En última instancia, la alienación es una condición posibilitada por la estructura objetivo-subjetiva del cuerpo y del yo, del cuerpo como órgano de la voluntad, y cosa material. En la producción esa condición deviene orgánica en un nuevo nivel, es decir, no solo orgánica sino supraorgánica, deviene materialidad productiva. La estructura bidimensional de la corporalidad es lo que posibilita la enajenación y cosificación del cuerpo o, más precisamente, su condición productiva. El *hiatum* originario yo / cuerpo es la condición material originaria de la alienación, o la alienación en el sentido positivo que señala Marx.

La mercantilización del cuerpo es un hecho histórico motivado por la confluencia de diferentes factores materiales y sociales. La «desacralización» de la tierra es para Marx uno de estos factores principales en el proceso de «alienación» del trabajo, o del trabajador, que se lleva de modo deshumanizante en el capitalismo y se sella en la antropología cínica[22] de la economía política. La cosificación de la tierra, o su puesta en circulación como mercan-

[22] En referencia a la crítica del valor de Ricardo, señala Marx: «Desde luego, el lenguaje de Ricardo no puede ser más cínico. Poner en el mismo nivel los gastos de fabricación de sombreros y los gastos de sostenimiento del

cía, acarrea o posibilita una despersonalización de las relaciones de producción que determina la alienación, o enajenación, o extrañamiento de la producción y del trabajo.

La alienación es el proceso deconstructivo o deshumanizante del trabajo y del trabajador, es un continuo vaciamiento de sentido de la existencia y de la labor, también sujeta al mero mantenimiento físico del cuerpo,[23] y este 'mero' mantenimiento señala sobre todo la dimensión creadora y humanizante del trabajo que se aliena. La alienación del trabajo, como alienación negativa de la voluntad corporal, equivale a la negación de su valor como órgano productivo. La enajenación es acción intersubjetiva, instauración de un vínculo de sometimiento, en el que el trabajador está obligado a ceder su voluntad mientras el patrón (o el amo) bien puede rechazar la oferta de sí del obrero. En su oferta al otro, el trabajador pone en circulación su propio cuerpo, el tiempo de su vida y la presencia de su cuerpo ya rebajada a fuerza, por el rasero de la simplicidad como medida de una jornada.

Los términos de la ecuación que integran la trama conceptual puesta como base de la alienación están integrados, según Marx, por la codicia, la propiedad privada, la división espontánea del trabajo, la tierra, el intercambio y la competencia. Si tuviéramos que establecer una jerarquía fenomenológica entre todas estas condiciones sería seguramente la codicia la fundamental, en tanto emana de la condición sensible de la subjetividad, que para Marx —como para Husserl— es el criterio último de validez. Como la ira o el odio, la codicia es un sentimiento, impulso y pasión no racional sino visceral, ciego, que somete al yo. El yo es ensombrecido por el odio, se vuelve esclavo de su sentimiento, como el codicioso se vuelve esclavo de su necesidad de posesión. Todo conduce al cuerpo: «La sensibilidad (véase Feuerbach) debe ser la base de toda ciencia. Solo cuando parte de ella en la doble forma de conciencia *sensible* y necesidad *sensible*, es decir, solo cuando parte de la naturaleza, es la Ciencia *verdadera* Ciencia».[24] La codicia supone un modo de exteriorización centrado en la acumulación. La competencia como columna vertebral del sistema monetario (momento de tendencia natural a la acumulación capitalista y la monopolización de los medios de producción) funciona a través de la guerra codiciosa entre sujetos que se definen sólo desde la exterioridad de su propiedad.

hombre, es transformar al hombre en sombrero». K. Marx, *Miseria de la filosofía. Respuesta a la filosofía de la miseria de P.- J. Proudhon.*, *op. cit.*, p. 19.

[23] H. Arendt distingue entre trabajo y labor desde un criterio que puede resultar problemático a la luz del concepto fenomenológico o generativo de naturaleza que la teoría del cuerpo arrastra consigo. «La elaboración —dice Arendt— puede ser una forma no política de la vida, pero ciertamente no es antipolítica. Precisamente éste es el caso del laborar, actividad en la que el hombre no está junto con el mundo ni con los demás, sino solo con su cuerpo, frente a la desnuda necesidad de mantenerse vivo». Hannah Arendt, *La condición humana.* Trad. Ramón Gil Novales. Barcelona: Paidós, p. 235. El problema radica en lo que pueda significar esa «desnuda necesidad» vital, que parece suponer una naturaleza pura que la socialidad se apropia. Lo cierto es que esa pureza está ya siempre cargada de orientaciones alienantes.

[24] K. Marx, *MEF*, *op. cit.*, p. 185.

La alienación supone estas dos dimensiones: a) la exterior al sujeto, como propiedad (sobre sus propios productos), y b) la dimensión inherente a la constitución subjetiva, el trabajo como actividad en la que se afirma la autoconsciencia del yo. Esta distinción permite ver las dos direcciones de la alienación, una que podríamos entender como noemática, o referente a la enajenación como confrontación del producto respecto del —o frente al— trabajador; y la segunda dirección, que puede pensarse como noética, en la medida en que atañe al acto productivo o a las condiciones de enajenación del trabajo; se trata en realidad de dos caras de la misma moneda, la moneda es el cuerpo que se intercambia por lo básico de su propia subsistencia, y esta contradicción es el primer modo de vaciamiento y deshumanización del trabajo.

Una vez que el sujeto de carne y hueso ha puesto en circulación en el mercado su fuerza de trabajo, el trabajo como objeto cobra independencia, la producción ya no es actividad directa del obrero, sino que el trabajo es así homogeneizado mediante el salario, que reduce la existencia al horizonte de la «*simple humanité*, es decir, a una existencia animal (...). La existencia del obrero está reducida, pues, a la condición de cualquier otra mercancía. El obrero se ha convertido en una mercancía».[25] El mercado ordenado por el sistema monetario homogeniza el trabajo, disuelve la individuación esforzada y productiva. Del lado objetivo, el cuerpo, en la integridad de sus capacidades, se le presenta al trabajador en la misma condición ajena de otras mercancías.

Si el producto es una objetivación y materialización del trabajo, entonces en el trabajo alienado esta materialización equivale a nada, esto es, a una desrealización del trabajador en el proceso mismo, condición que se traduce en una pérdida del objeto, en este caso del cuerpo, que queda como posibilidad velada para el yo, se convierte en lo ajeno y ya no es, para el trabajador, la unidad potencial e ideal del «yo puedo», sino la determinación material de un «yo-no-puedo». El movimiento «natural» de acumulación de capitales encierra al trabajo en la contradicción de su pauperización contra su crecimiento: cuanto más produce el obrero, más de lo que produce le es ajeno, hasta que en el mundo como su realidad, es él mismo, el trabajador, un extraño, no está nunca en casa sino a la intemperie, y sin embargo, «está más cerca del hogar quien lucha por alcanzarlo que quien acepta como tal una morada inclemente».[26]

La alienación del trabajo es alienación activa o «en» acto, y «del» acto, esto es, la alienación del trabajo consiste en hacer del trabajo, en cuanto actividad, el acto alienante en sí mismo. El trabajo es lo otro para sí, lo otro de sí, y produce lo ajeno, y produce al trabajador en la alienación. Bajo tales condiciones el trabajo aparece como una mera abstracción de la propia vida, por lo menos en el cuadro explicativo de la economía política.

[25] *Ibid.*, p. 66.

[26] *Ibid.*, p. 52.

Para Marx, la economía política, y sobre todo la de Ricardo, representa el mal estado de fondo en el que se encuentran las ciencias, y sobre todo la filosofía, que están produciendo sus contemporáneos (la sagrada familia).[27] En este sentido, y como causa de la más importante confluencia entre los pensamientos de Husserl y Marx en torno al concepto de naturaleza, se encuentra esta común posición respecto de la ciencia, y de la función de la filosofía, y de la relación entre teoría y praxis que ambos comparten sustancialmente. La economía política representa para Marx, lo mismo que para Husserl el psicologismo (el más ingenuo), la degeneración de una idea de la condición humana, que sella materialmente el destino de la humanidad genérica, mientras la filosofía mira irresponsablemente la escena. La incidencia de la ciencia en la realidad humana no es menor que la de las determinaciones histórico-materiales sobre la investigación científica, y comprender las implicaciones ético-prácticas de esta relación es responsabilidad de la filosofía como razón teórica, es decir, como el modo crítico de justificación de esa incidencia. Según Marx, la pobreza del mundo espiritual y físico del cuerpo obrero es inversamente proporcional a la riqueza que emana de lo producido: cuanto más se cosifica a sí mismo y más se deseca como cosa, mayor es la riqueza que el capital acumula; este proceso es lo que la economía política justifica, sin explicar, como algo natural. En los *Manuscritos de economía y filosofía*, Marx pone en movimiento la maquinaria de una tradición epistemológica abocada a la deconstrucción de los supuestos de la economía política, y a contraluz de una idea filosófica de la condición humana, como esencialmente libre.

La alienación del trabajo es el proceso de enajenación respecto de sí mismo, opone en su voluntad al cuerpo y al yo, los hace ajenos en la acción misma, es lo opuesto de la producción, y esta oposición funda o vehicula un quiebre más amplio entre el individuo y la sociedad: «el obrero solo se siente libre en sus funciones animales más básicas, comer, beber, engendrar, mientras que en sus funciones humanas se siente como un animal».[28] La sociedad es ese mismo entorno hostil en el que es absolutamente reemplazable y al que nada en verdad lo ata, como alguna raíz étnica o religiosa trenzada con ello. El individuo se opone a la sociedad desde una situación ya enajenada o alienada. Para Marx, este es el movimiento más amplio y demoledor de la alienación del hombre por el trabajo: la ruptura y contradicción mayor entre el género y el individuo, lo que implica una conversión de la naturaleza, en tanto producto histórico-humano, en algo ajeno al hombre, opuesto al sujeto y hostil a la vida. La alienación del género implica una enajenación de la naturaleza; el sujeto concreto, la persona, no se reconoce más como momento generativo material de ese entorno, sino como extranjero de su propia vida —irrealizada.

[27] Concretamente, los hermanos Bauer, la crítica a la tradición post-hegeliana, o giro teológico de la fenomenología del espíritu, al que Marx llama «putrefacción del espíritu absoluto», como lo expresa en *La ideología alemana*. Cfr. Karl Marx y Friedrich Engels, *La ideología alemana, op. cit.*, p. 13.

[28] Karl Marx, *MEF, op. cit.*, p. 139.

5. Conclusiones

La base del concepto de naturaleza como nada más que horizonte de la praxis humana es esencialmente coincidente entre Marx y Husserl;[29] la fenomenología husserliana de la corporalidad solo radicaliza el materialismo de Marx, su punto de partida en la sensibilidad como raíz del ser real permite estabilizar la antropología de Marx en la descripción histórica de la vida trascendental. Para Marx, la naturaleza es el «cuerpo inorgánico» del sujeto, lo que puede enturbiar la continuidad solidaria, que el concepto enfatiza, entre la necesidad física del cuerpo y el entorno como medio de satisfacción, y luego producción de sus necesidades. Lo que Marx llama inorgánico (y que no deja de ser un concepto oscuro) es todo lo que no pertenece al cuerpo mismo, a la individualidad real del cuerpo, lo que corta sus relaciones metabólicas con el entorno, vínculos de hecho orgánicos en los que se constituye su individualidad vital y anímica. Para Marx, como para Husserl, importa la defensa de ese fondo de realidad individual que tiene como correlato, o producto de su actividad obrera, un mundo, que para Marx irradia de las capacidades de realización genérica, es decir, individual; y que para Husserl contiene las posibilidades de realización y cumplimiento de las potencias subjetivas, en ambos casos arraigadas en el cuerpo. Husserl reconstruye esa raíz que Marx situó en la sensibilidad. Los modos de relación subjetivo-objetivos que llamamos vivencias se conforman en una orientación histórica concreta y materialmente determinada desde la propia sensibilidad —desde las urgencias del cuerpo. El yo es quien padece hambre, y ese modo de relación con su cuerpo, el del instinto primario, pauta de un modo irradiante el resto de las relaciones que sean pensables entre el yo y su propio cuerpo, y esa condición relativa es esencial y universal.

El instinto se produce como un modo de relación, en el humano no es pura tendencia instintiva, sino que como tal está orientada, se significa esa misma tendencia como necesidad. Marx define la conciencia como el resultado de las condiciones históricas y materiales que se instauran a través de un modo de producción determinado, que las conciencias o los sujetos producen. La naturaleza es un devenir pautado históricamente cuyo núcleo es la necesidad de subsistencia, en la que se funda una idea de la condición humana como cuerpo primordialmente obrero, determinado como órgano de la necesidad (o de la naturaleza). La idea de la materialidad, o bien de la necesidad de subsistencia, como determinante ontológico del cuerpo no es ontológica sino histórica y su correlato es el cuerpo obrero.

[29] Para Marx, el cuerpo es sobre todo «fuerza», y «la fuerza humana del trabajo es "solo la exteriorización de una fuerza natural"». Alfred Schmidt, *op. cit.*, p. 12. Para Husserl, la naturaleza como correlato de la actitud natural es el suelo de sentido y fundamento de la naturaleza como objeto científico, correlato de la actitud naturalista, caracterizada por la abstracción de la inmediatez significativa de los objetos del entorno, objetos espacio-temporales, esto es, objetos de un sujeto corporal, etc. Aquí pongo como base coincidente el sentido fenomenológico más amplio de la naturaleza, como lo dado a la actitud natural. Cfr. Edmund Husserl, *Ideas*, II, *op. cit.*, §§1-7.

El trabajo enajenado hace extraños al sujeto y su cuerpo o, mejor dicho, el extrañamiento es el modo totalizante de la relación entre el sujeto y su cuerpo, y este modo de relación descompuesto en la alienación condiciona el modo de vinculación con el otro, igualmente inauténtico. La socialidad, que tanto Husserl como Marx conciben como suma de voluntades libres y no como agregado mecánico de partes extra-partes, se aliena en la medida en que esas voluntades solo perviven, subsisten, no son libres, viven dormidas, de modo pasivo, no despiertas.

Referencias bibliográficas

ARENDT, Hannah, *La condición humana*. Trad. Ramón Gil Novales. Barcelona: Paidós, 2016.

ENGELS, Friedrich, «El papel del trabajo en la transformación del mono en hombre». En: MARX, Karl; ENGELS, Friedrich, *Obras escogidas*, vol. 2. Madrid: Akal, 2016.

HUSSERL, Edmund, *Ideas relativas a una fenomenología pura y a una filosofía fenomenológica. Libro segundo: Investigaciones fenomenológicas sobre la constitución*. Trad. Antonio Zirión Quijano. Ciudad de México: UNAM-FCE, 2005.

HUSSERL, Edmund, «El origen de la geometría». Trad. Jorge Arce y Rosemary Rizo-Patrón de Lerner. *Estudios de filosofía* [Lima], 4, 2000, pp. 33-54.

MÁRKUS, György, *Marxismo y antropología*. Trad. Manuel Sacristán. Ciudad de México: Grijalbo, 1973.

MARX, Karl, *Miseria de la filosofía. Respuesta a la filosofía de la miseria de P.- J. Proudhon*. Ed. Martí Soler. Ciudad de México: Siglo XXI, 1987.

MARX, Karl, *Manuscritos de economía y filosofía*. Trad. Francisco Rubio Llorente. Madrid: Alianza, 2013.

MARX, Karl; ENGELS, Friedrich, *La ideología alemana*. Trad. Wenceslao Roces. Madrid: Akal, 2014.

NICOL, Eduardo, *La idea del hombre*. Ciudad de México: FCE, 1977.

NICOL, Eduardo, *Psicología de las situaciones vitales*. Ciudad de México: FCE, 1996.

KOJÈVE, Alexandre, *La concepción de la antropología y del ateísmo en Hegel*. Trad. Juan José Sebreli. Rev. Alfredo Llanos. Buenos Aires: Leviatán, 2007.

LANDGREBE, Ludwig, «El problema de la teleología y la corporalidad en la fenomenología y en el marxismo». Trad. Noé Expósito Ropero. *Acta Mexicana de fenomenología. Revista de investigación filosófica y científica* [Ciudad de México], 2, 2017, pp. 93-124.

SAN MARTÍN SALA, Javier, *Teoría de la cultura*. Madrid: Síntesis, 1999.

SAN MARTÍN SALA, Javier, «Natur und Verfassung des Menschen. Zur Anthropologie Eugen Finks». En: BÖHMER, Anselm (ed.), *Eugen Fink. Sozialphilosophie, Anthropologie, Kosmologie, Pädogogik, Methodik*. Wurzburgo: Koenigshausen, 2006.

SERRANO DE HARO, Agustín, *La precisión del cuerpo. Análisis filosófico de la puntería*. Madrid: Trotta, 2007.

SCHMIDT, Alfred, *El concepto de naturaleza en Marx*. Trad. Julia M. T. Ferrari de Prieto y Eduardo Prieto. Madrid: Siglo XXI, 1976.

STEINBOCK, Anthony J., *Home and Beyond. Generative Phenomenology after Husserl*. Evanston: Northwestern University Press, 1995.

Marcela VENEBRA MUÑOZ

SENTIR, SENTIR-SE, SENTIR LA VIDA. LA PRESENCIA DE BÖHME Y ECKHART EN EL PENSAMIENTO DE MICHEL HENRY

Stefano SANTASILIA

Universidad Autónoma San Luis Potosí
e-mail: santasilia@gmail.com
N.º ORCID: 0000-0001-7482-8917
DOI: 10.60940/comprendrev26n1id427463

Article rebut: 20/06/2023
Article aprovat: 05/02/2024

Resumen

La reflexión fenomenológica de Michel Henry se constituye, desde su comienzo, como una crítica de la fenomenología tradicional, en la luz de la misma definición de fenómeno. Mediante esta crítica, el filósofo francés trata de desarrollar un camino especulativo capaz de conducir a «captar» el absoluto, entendido como esencia de la misma manifestación (es decir, como aparecer del aparecer). La manifestación de la manifestación implica un donarse dentro de un horizonte que se escapa a la visibilidad —y por esto también a la trascendencia— determinándose como «invisible» en cuanto «inmanencia radical». En el despliegue de su reflexión Henry hace referencia, entre otros, a dos autores como fundamentales para la comprensión de su propuesta: Jacob Böhme y Meister Eckhart. Este breve ensayo tiene el objetivo de mostrar cómo estas referencias recolocan toda la reflexión en contacto con la cuestión de la interioridad.

Palabras clave: Michel Henry, Meister Eckhart, Jacob Böhme, vida, interioridad.

Feel, feel-ourself, feel Life.
The presence of Böhme and Eckhart in the thought of Michel Henry

Abstract

Michel Henry's phenomenological reflection is constituted, from its early beginning, as a critique of traditional phenomenology, in the light of the authentic definition of the phenomenon. Through this critique, the philosopher tries to develop a speculative path capable of leading to the «capture» of the absolute, understood as the essence of the manifestation itself, as the appearing of the appearing itself (Parousia). The manifestation of the manifestation implies that it's giving itself takes place in a horizon that escapes visibility and transcendence, determining itself as «invisible» because of «radical immanence». In the unfolding of his reflection, Henry makes reference, among others, to two authors who are fundamental for the understanding of his proposal: Jacob Böhme and Meister Eckhart. This brief essay has the objective of showing how these references relocate all the reflection in contact with the question of interiority.

Key words: Michel Henry, Meister Eckart, Jacob Böhme, Life, Interiority.

1. Introducción

La propuesta fenomenológica de Michel Henry ha sido objeto de muchos debates con respecto a su «auténtica» pertenencia al campo de la fenomenología, sobre todo con relación a su intento de «forzar» los límites de la fenomenicidad a la búsqueda de la posibilidad de alcanzar la descripción de la misma fenomenalidad.[1] Una condición que no remite de manera general a la cuestión ontológica, sino que implica la misma dimensión de la subjetividad en tanto que dimensión de receptividad de la manifestación. Pero remitir al problema de la subjetividad en su conexión con la cuestión de su manifestación significa «interesarse» de su dinámica vital, es decir, de su forma de vivir, de ser vida, de sentir la vida y, por lo tanto, de sentir-se como vida.[2] El sentir-se como vida, como sujeto que vive, no es algo desvinculado de la dimensión de la manifestación, porque no puede haber manifestación sin que el sujeto no se experimente a sí mismo como viviente. Esta es la razón por la cual, en el pensamiento de Henry, la vida del sujeto se manifiesta siempre como enraizada en una manifestación anterior, que es la de la Vida misma, revelación de una realidad que es desde siempre conectada con la dimensión de la afectividad, es decir, de un sentir-se que es fundamento de todo sentir y poder.[3]

Todo lo dicho constituye el resultado de la primera etapa de fundamentación de la propuesta elaborada por el fenomenólogo francés, etapa que incluye como referencias fundamentales a dos autores en muchos casos marginados por la *grand histoire* del

[1] Es decir, como intento de individuar las características básicas del «aparecer del aparecer». Con respecto a los debates relativos a la «validez fenomenológica» de la propuesta henryana, nos permitimos remitir a Alain David y Jean Greisch (dir.), *Michel Henry, l'epreuve de la vie.* París: Cerf, 2001, y Grégori Jean; Jean Leclercq; Nicolas Monseu (ed.), *La vie et les vivants. (Re-)lire Michel Henry.* Lovaina: UCL, 2013.

[2] Cfr. Ilaria Malaguti, «Parole et silence. Michel Henry lecteur de Maître Eckhart». En: VV. AA., *Vivre la raison. Michel Henry entre histoire des idées, philosophie transcendentale et nouvelles perspectives phénoménologiques.* París: Vrin, 2016, pp. 141-153.

[3] Cfr. Miguel García-Baró, «Un acercamiento al problema religioso en el pensamiento de Michel Henry». *Apeiron. Estudios de filosofía* [Madrid], 3, 2015, pp. 312-313.

pensamiento bajo la acusación de pertenecer más al campo de los «discursos edificantes», es decir, Jacob Böhme y Meister Eckhart. La presencia de los dos «místicos» muestra claramente cómo la reflexión del fenomenólogo francés considera necesaria la reconsideración de la «vida interior» ya no como lugar de la espiritualidad personal sino como espacio de manifestación de la misma posibilidad de la auténtica manifestación de la vida. Para evidenciar todo esto, nuestro trabajo seguirá articulándose en dos momentos: 1) un análisis de la cuestión de la manifestación en la etapa inicial del pensamiento de Michel Henry, y 2) el subrayar cómo en esta misma cuestión los dos autores citados juegan un papel fundamental.

2. Lo invisible de la *parusía* y la *parusía* de lo invisible

Con la publicación de *L'essence de la manifestation*,[4] en el año 1963, Michel Henry se auto-coloca directamente en el centro del debate fenomenológico relativo a la cuestión de la manifestación. De hecho, la *gran provocación* lanzada por el filósofo francés consiste en la invitación a considerar a la misma manifestación de lo absoluto como completamente colocada en un horizonte de inmanencia radical, tratando de mostrar cómo la trascendencia— que quedaba considerada como la cifra fundamental de la relación sujeto-objeto— no fuese otra cosa que el resultado de esta inmanencia. Una posición que impone una *modificación* de la concepción de fenómeno capaz de generar la inversión de la polaridad visible-invisible, concediendo a la invisibilidad una completa primacía: esta modificación —que ha permitido a algunos estudiosos hablar de una fenomenología *al revés* o conducida más allá de su propio límite—[5] remite al continuo intento, nunca realizado completamente, de *quebrantar* la frontera del horizonte con el fin de alcanzar la manifestación de un sentir que, a la vez, se realiza como pertenecer y pertenecerse. Un sentir originario que es, antes que todo, pasividad radical. Una condición que, inmediatamente, coloca a Henry en una posición problemática, muy cercana a la dimensión mística,[6] y que revela la particular inflexión de un pensamiento orientado completamente por la búsqueda de lo absoluto, y que permite incluir

[4] Cfr. Michel Henry, *L'essence de la manifestation.* París: PUF, 1990 (la obra fue inicialmente publicada en dos tomos que, posteriormente, fueron reunidos en uno solo). En este ensayo haremos referencia a la traducción española: Michel Henry, *La esencia de la manifestación.* Trad. Miguel García-Baró y Mercedes Huarte. Salamanca: Sígueme, 2015.

[5] En el marco de la literatura crítica dedicada a la cuestión del método fenomenológico en el pensamiento de Henry nos permitimos señalar particularmente los siguientes escritos: Carla Canullo, *Fenomenologia rovesciata. Percorsi tentati in J. L. Marion, M. Henry e J. L. Chrétien.* Turín: Rosenberg & Sellier, 2004; Francois-David Sebbah, *L'épreuve de la limite. Derrida, Henry, Levinas et la phénoménologie.* París: PUF, 2001, y Gaetano Iaia, *La vita, un* saggio *infinito. Studi su Michel Henry.* Pisa: ETS, 2021 (en particular el capítulo tercero, dedicado al tema de lo invisible).

[6] Cfr. Elmar Salmann, «Presenza e critica. Sulle affinità elettive tra filosofia e mistica». En: Aniceto Molinaro; Elmar Salmann (ed.), *Filosofia e mistica. Itinerari di un progetto di ricerca.* Roma: Studia Anselmiana, 1997, pp. 29-60.

su pensamiento en aquel «giro teológico» del que quedará acusada una parte de la fenomenología francesa.[7]

Lo que es cierto es que todo el pensamiento de Henry puede ser comprendido claramente solo a partir de la necesidad de marcar una superación de una concepción del aparecer limitada al *poder* de la conciencia. De hecho, el sentido del ser buscado por la fenomenología henryana no puede remitir solo a lo que aparece, sino que tiene que lanzarse hacia las raíces del mismo aparecer —es decir, del aparecer del aparecer—, y esto según unas características fundamentales: se trata de un aparecer que no se distingue del sentir mediante el cual queda percibido sino que coincide con el sentir-se de la vida, y por esto es *fenómeno* según un mostrarse que no depende de la trascendencia, es decir, de la oposición entre sujeto y objeto. Según Henry, «que el fundamento sea, de hecho, de parte a parte, "fenómeno"; que sea la verdad, y lo sea en un sentido último y originario, no podrá comprenderse hasta que una elucidación radical del concepto de fenómeno haya conducido la problemática hasta la idea de *una revelación que no debe nada a la obra de la trascendencia*».[8] Sin embargo, se trata de una elucidación que no puede evitar mostrar cómo la vía directa de acceso al fundamento consiste en su misma inmanencia, que, por ser presencia a sí mismo, no puede darse fuera de la invisibilidad.[9] De hecho, aceptadas estas condiciones, la tarea del fenomenólogo impone un proceder hacia la esencia de la manifestación, es decir, el hacerse fenómeno del mismo manifestarse, la que Henry define como *fenomenalidad.* Esta constituye la misma verdad del fenómeno en cuanto su condición de manifestación, posibilidad de su mismo *venir a la luz* y de su mismo adquirir un *status* ontológico.

Claramente, el proceder hacia la esencia del fenómeno lleva a la búsqueda de la manera de darse de aquel absoluto a partir del cual se estructura la manifestación, es decir, el puro venir a la luz que Henry define con un término específico: *parusía.* Para el fenomenólogo francés, la *parusía* corresponde al absoluto, a la manifestación en cuanto tal, que debe también corresponder al objetivo principal de toda investigación fenomenológica interesada en las condiciones de manifestación del fenómeno: «La fenomenología se nos propone como un medio: el medio de traer junto a nosotros la esencia concreta y

[7] Con respecto a este asunto, cfr. Dominique Janicaud, *Le tournant théologique de la philosophie française.* París: Éditions de l'éclat, 2001, y Dominique Janicaud, *La phénoménologie éclatée.* París: Éditions de l'éclat, 1998. En ambas obras, el autor acusa a Henry de haber elaborado un pensamiento orientado hacia la dimensión teológica, perdiendo de vista los límites impuestos por la perspectiva filosófica. Con respecto a esta posible interpretación, cfr. también Vittorio Perego, *La fenomenologia francese tra metafisica e teologia.* Milán: Vita e Pensiero, 2004; Claudio Tarditi, *Introduzione alla fenomenologia francese. Temi e percorsi.* Turín: Tangram, 2011; Steven DeLay, *Phenomenology in France. A Philosophical and Theological Introduction.* Londres: Routledge, 2019.

[8] Michel Henry, *La esencia de la manifestación, op. cit.*, p. 56.

[9] La invisibilidad es una connotación fundamental de esta modalidad de manifestación en cuanto ya no remite a un «ver» sino a un quedar afectado. Con respecto a este tema, además de los escritos indicados en la nota 10, cfr. también Rosa Spagnuolo Vigorita, «Ciò che la scienza non sa. L'invisibile e la vita in Michel Henry». *Scienza & Filosofia* [Nápoles], 17, 2017, pp. 109-125.

verdadera, la esencia de la presencia, lo absoluto en cuanto que es la Parusía. Pero el medio es lo absoluto mismo, puesto que el acto de traer junto a nosotros es la obra de la esencia, en cuanto que ella es la esencia de la presencia, la Parusía y lo absoluto».[10] Un absoluto que no es diferente de la misma *parusía*: «La fenomenología busca la Parusía de lo absoluto sobre el fundamento de lo absoluto entendido como la Parusía».[11]

En las afirmaciones de Henry asume evidencia la realidad de una circularidad fundamental: la única posibilidad de alcanzar al absoluto —no de dominarlo conceptualmente sino de alcanzarlo mediante una *captación* que sea capaz de respetar su condición de absolutez— reside en la posibilidad de *sentirlo* en su poder ontológico. Su hacerse fenómeno se realiza en la modalidad de un sentir y no de un ver: su manifestación, aparecer del mismo aparecer, no puede darse en la visibilidad, porque si no se reduciría a lo visto determinado. Por otra parte, tampoco puede ser alcanzado mediante una mera inferencia como fundamento lógico necesario, porque entonces no sería otra cosa que un concepto. Su auténtica manifestación, necesaria para toda manifestación en general, se realiza en otro orden de la existencia, que es la del sentir, y por esto queda en la invisibilidad. Ahora, si la interrogación relativa a la esencia del fenómeno conduce al reconocimiento del absoluto como manifestación de lo invisible, entonces se hace necesaria una ulterior interrogación relativa a aquella práctica fenomenológica que había fundado en la consciencia el sentido último de toda manifestación. Según Henry, el error de aquella fenomenología, que él mismo definirá con el adjetivo *histórica*,[12] consiste en quedar dependiendo de una concepción equivocada del fenómeno, incapaz de admitir la posibilidad de la ampliación del estatuto de la fenomenicidad y, por lo tanto, imposibilitada para el reconocimiento de la auténtica fenomenalidad. De hecho, la fenomenología histórica quedaría vinculada a lo que Henry define como *distancia fenomenológica*,[13] considerada como condición básica del aparecer, que se funda en la intencionalidad. Solo que, subraya Henry, esto significa admitir que la esencia no se encuentra en el fenómeno y que este se reduce a un ser alienado.[14] La concepción del fenómeno que se basa en esta alienación queda definida por Henry con el lema *monismo ontológico*,[15] e indica la unicidad de la modalidad de manifestación según la

[10] Michel Henry, *La esencia de la manifestación, op. cit.*, p. 70.

[11] *Ibidem.*

[12] Cfr. Michel Henry, *Fenomenología material.* Trad. J. Teira y R. Ranz. Encuentro: Madrid, 2009. Con el término «histórica», Michel Henry quiere hacer referencia a la tradición fenomenológica que asume la consciencia como el polo fundamental en el proceso de constitución del fenómeno, determinándolo, así, como lo que «aparece» en la luz de la consciencia. Con respecto a este asunto, cfr. Carolina Frabasile, «Michel Henry. La fenomenologia del sentire». *Dialegesthai* [Roma], 18, 2016. Disponible en: https://mondodomani.org/dialegesthai/articoli/carolina-frabasile-01 [Última consulta: 16/06/2023].

[13] Cfr. Michel Henry, *La esencia de la manifestación, op. cit.*, pp. 73 y ss.

[14] Cfr. *Ibidem*, pp. 84 y ss.

[15] Cfr. *Ibidem*, pp. 63 y ss.

cual el ente encuentra su cumplimiento en el sujeto, que no es otra cosa que esta misma modalidad de manifestación. Una manifestación concebida a partir de la intencionalidad hace del sujeto el principio de toda realidad en cuanto tal.

Ahora, para Henry esto no implica que la dimensión de la trascendencia quede marcada como únicamente negativa. Al contrario, significa que esta tiene que ser comprendida en su auténtica esencia, es decir, en su capacidad de indicar la necesidad de no quedarse en el sujeto como último punto de llegada, sino de reconocerlo como la señal de la necesidad de una superación, esto es, el pasaje desde la modalidad del *ver* a la del *sentir*. Esta es la razón por la cual el fenomenólogo francés puede llegar a afirmar que «*La esencia de la fenomenalidad pura es distinta de su efectividad.* En cuanto que la esencia de la fenomenalidad es distinta de su efectividad, encuentra más bien en ésta su propia supresión. La determinación manifiesta la esencia, de tal modo, sin embargo, que ésta se disimula en esa manifestación».[16] Pero esto implica que el mismo aparecer remite a algo más que no se deja capturar por la *luminosidad* de la consciencia: «La esencia originaria de la manifestación sólo puede, por tanto, permanecer en la noche de su inconciencia original o perderse en el objeto. En el objeto, la esencia de la manifestación se realiza, pero precisamente perdiéndose. El aparecer de la conciencia en la objetivación es su propio desaparecer».[17] La esencia de la manifestación, el aparecer del aparecer, la *parusía,* vive en la noche de su inconciencia, es decir, no se puede ver como si estuviera enfrente de sí misma. Pero puede sentir-se. Y esto implica que el querer alcanzar el fundamento comporta necesariamente la pérdida de la doble direccionalidad del ver (ver-ser visto) con el fin de adquirir un conocer que es sentir y, por esto, libre de toda visibilidad, o sea, invisible.

Lo que la consciencia no puede alcanzar, en cuanto toda orientada hacia el ver, lo alcanza —en cambio— el sentir, la dimensión de la afectividad, que no se encuentra separada de la consciencia sino que parece constituir su misma raíz: por esto Henry puede hablar de un *renversement* (inversión) de la consciencia como única posibilidad de alcanzar, efectivamente, el absoluto: «Al representar la manifestación, la inversión realiza el aparecer del aparecer. El aparecer es la esencia de la conciencia. [...] El aparecer del aparecer en la inversión de la conciencia es el acto por el que la conciencia se representa a ella misma en su esencia: "por el que la conciencia se representa en su aparecer"».[18] Y en esta inversión, en el abandono del afán de capturar conceptualmente, se realiza la manifestación de la *parusía*: «La inversión de la conciencia es el aparecerse del aparecer. El aparecerse del aparecer es la presencia a sí mismo de lo absoluto, la Parusía. La manifestación de lo absoluto a sí mismo en la Parusía reclama la

[16] Michel Henry, *La esencia de la manifestación, op. cit.*, p. 119.

[17] *Ibidem*, p. 127.

[18] *Ibidem*, pp. 145-146.

inversión».[19] Y solo mediante tal inversión se alcanza, según Henry, el auténtico saber filosófico: «El saber filosófico es el saber verdadero porque, al representarse el aparecer y ya no lo que aparece, es el saber de la verdad, no del ente. El saber de la verdad es la presencia de lo absoluto a sí mismo, la Parusía. La Parusía de lo absoluto es obra del saber verdadero».[20]

Como hemos visto, desde el punto de vista del *monismo ontológico*, el manifestarse del fenómeno acontece a partir del previo abrirse del horizonte del ser, y de la doble caracterización de lo que en él se coloca: de hecho, receptividad y oposición representan la misma condición de la objetivación (considerada por la fenomenología histórica como la única forma posible de manifestación). La objetivación tiene que presentarse siempre como oposición con respecto al sujeto, y por esto le es trascendente. Pero, considera Henry, esta dimensión tiene que remitir obligatoriamente a un horizonte constitutivo ulterior que el monismo no alcanza y que deja de considerar, abandonando la posibilidad de alcanzar auténticamente el fundamento. De hecho, si toda manifestación es un recibir, entonces la manifestación del fundamento no puede ser otra cosa que el recibirse a sí mismo, es decir, el auto-recibirse de la esencia de la manifestación. Claramente, siendo un auto-recibirse se configurará de manera que esencia y contenido no serán diferentes, así que el fundamento solo puede ser alcanzado —de alguna manera *experienciado*— solo en el marco de una interioridad *intimior intimo meo*, es decir, dentro de una dimensión de inmanencia radical.[21] La inmanencia se constituye como un mostrarse sin salir de sí y sin generar distancia alguna, de manera que si la inmanencia es la modalidad de manifestación de la esencia de la manifestación —de lo absoluto, de la *parusía*— entonces será también la raíz de toda posible trascendencia: «Lo que hace posible una cosa es, sin embargo, lo que se llama propiamente su esencia. Con la aclaración de la esencia originaria de la receptividad, la problemática encuentra la posibilidad última a la que apunta en cuanto que busca el fundamento último de toda manifestación. *La inmanencia es la esencia de la trascendencia*».[22]

La inmanencia no admite distancia, así que su darse se cumple en la inmediatez, y configurándose como sentir-se, es una inmediatez auto-afectiva que constituye la estructura originaria de toda receptividad: «La posibilidad para el ser de venir originalmente a sí lo determina como lo inmediato. [...] *Lo inmediato es el ser mismo como originariamente dado a sí en la inmanencia*».[23] Y esto implica también la posibilidad

[19] *Id.*

[20] *Id.*

[21] Cfr. Giuliano Sansonetti, *Michel Henry. Fenomenologia, vita, cristianesimo.* Brescia: Morcelliana, 2006, p. 31.

[22] Michel Henry, *La esencia de la manifestación*, *op. cit.*, p. 245.

[23] *Ibidem*, pp. 272-273.

de un pensamiento que tiene que abandonar el horizonte de la trascendencia asumiendo la pérdida del ver y reconociendo la necesidad de una *provechosa indigencia*: «No obstante, este abandono es el de la esencia; es en esta indigencia extrema en la que no subsiste nada del mundo, y tampoco el mundo mismo, donde ella se mantiene como en su posibilidad. Indigencia y desamparo, pérdida y abandono, caracterizan la esencia en relación con aquello de lo que se halla privada».[24] Pero es una privación que abre a la misma posibilidad de sentir-se en el absoluto en cuanto «*la indigencia de la esencia reside en el hecho de que ella no encierra nada otro*».[25] Y es a partir de la indigencia como característica constitutiva que Henry puede individuar otras connotaciones fundamentales, como la *soledad* y la *pasividad radical*. De hecho, la esencia no puede más que ser soledad en cuanto reposa en sí misma y en su plenitud; se encuentra en completa relación consigo misma. Y también en este caso hay que dejar de considerar a la soledad como una privación: no siendo una cosa entre las otras, la esencia no puede nunca encontrarse en un *estar-con* y, por esto, la soledad representa su máxima plenitud. Lo que permite a Henry afirmar que el *contenido* de esta soledad corresponde directamente a la relación de la esencia consigo misma, el «como» de la *parusía*. En el fondo, se trataría de una soledad que muestra cómo la esencia no puede salir de sí misma ni dejar de quedar afectada por sí misma: «*Esto es lo que permanece en la soledad de la esencia: la relación de la esencia consigo, como constitutiva de esta esencia misma y de su soledad*».[26] Lo que queda caracterizado por la imposibilidad de salir de sí misma —es decir, la esencia en cuanto *parusía*— corresponde según Henry a la misma vida: «*Lo que tiene la experiencia de sí, lo que goza de sí y no es más que este puro gozo de sí mismo, esta pura experiencia de* sí, *es la vida*. La soledad es la esencia de la vida».[27] Una soledad que, evidentemente, implica una *pasividad originaria y radical*: «El ser absoluto es el ser que, originaria y fundamentalmente pasivo frente a sí, no tiene, como tal y *en consecuencia*, frente a sí ningún poder [...]. El ser es lo que es en el sentido en que ser significa *la revelación originaria inmanente de sí en la unidad*».[28]

Es propiamente esta pasividad la que constituye a la esencia como auto-afección: afección por parte de sí misma que es, antes que todo, auto-donación, esencia de la vida misma, porque la vida no es cosa diferente de lo que se dona a sí misma, de su sentir-se. Por lo tanto, la *parusía* corresponde a la actualidad de la vida que no puede sustraerse a sí misma y que, concediendo toda manifestación, se dona a sí misma en el viviente, y

[24] *Ibidem*, p. 278.

[25] *Id.*

[26] *Ibidem*, p. 280.

[27] *Ibidem*, p. 281.

[28] *Ibidem*, p. 291.

mediante un sentir-se que expresa, en su absolutez, una pasividad originaria constitutiva.

Es evidente que la reflexión de Henry representa una radicalización de la investigación sobre lo originario, que siempre es investigación sobre el punto de contacto en el cual el sujeto, lejos de perder su subjetividad, la re-comprende a la luz de lo absoluto. En el trabajo del fenomenólogo francés se encuentran todas las huellas de un intento de acercarse a este punto de contacto: el tratar de remontar a la dimensión que precede la *luminosidad* de la consciencia, la búsqueda del *aparecer del aparecer*, el reconocimiento de la condición de invisibilidad cono caracterización fundamental, etc. Se trata de los *lugares* que representan aquel *límite nomadizo* hacia el cual el pensamiento necesita atreverse todas las veces que quiere interrogarse seriamente sobre su mismo origen, y que, de alguna manera, constituyen el auténtico espacio de la interioridad: un *más allá* frente al cual la misma fenomenología tiene que callar «volviéndose guardián de la fractura con la cual, y en la cual, ha sido entregada».[29] Una fractura que remite a una dimensión *inefable* siempre presente al fondo del pensamiento y que parece constituir la base de toda interioridad.

3. Jacob Böhme y Meister Eckhart como precursores y maestros

No son pocos los autores que Henry cita en la elaboración de su reflexión dedicada a la esencia de la manifestación. Sin embargo, en el conjunto de todos los nombres indicados, hay dos referencias que llaman la atención por su peculiaridad. Y, sobre todo, porque no se trata de indicaciones *en passant* sino de autores que reciben, por parte del fenomenólogo francés, una específica atención debida a sus intuiciones. De hecho, Henry los considera casi como dos *precursores*: en efecto, mientras los otros grandes nombres de la historia del pensamiento citados (por ejemplo, Heidegger, Husserl, Schelling, Fichte, etc.) representan la ocasión para delinear de manera más específica la propia crítica hacia la fenomenología *histórica*, las referencias a Jacob Böhme y Meister Eckhart se muestran más como el reconocimiento de dos autores que ya habían intuido lo fundamental. Es cierto que los dos pensadores alemanes no quedan tratados completamente de la misma manera, en cuanto solo al segundo Henry concede de haber llegado a la completa intuición, aunque por otro camino, de la revelación originaria de la esencia.[30]

De hecho, la referencia a Jacob Böhme se sitúa en el parágrafo 14 de *La esencia de la manifestación*, al tratar el ya indicado *monismo ontológico* en su relación con la *filosofía*

[29] Carla Canullo, *op. cit.*, p. 356.

[30] Nos podríamos atrever a afirmar que la referencia a Böhme configura solo un momento de pasaje para llegar a Meister Eckhart, algo que quedaría demostrado por la no existencia —situación diferente con relación a Meister Eckhart— de estudios detallados sobre la presencia de Böhme en el pensamiento de Henry.

de la conciencia.[31] En este punto Henry subraya cómo la asunción de la estructura de correlación entre consciencia y objeto (de la consciencia) implica la necesidad de este último para que la consciencia se constituya como lo que es. Algo que, reconoce el fenomenólogo francés, Böhme ya había comprendido a lo largo del desarrollo de su reflexión sobre la esencia. En su meditación alrededor de la *nada abismal* de Dios, el pensador alemán ya había reconocido la presencia de una necesaria oposición con respecto a la manifestación de lo absoluto.[32] Sin embargo, Henry subraya que «la oposición como tal no traza todavía más que el puro espacio para una manifestación posible en general. En tal espacio, que es un medio indiferenciado, no hay aún ninguna manifestación real. [...] Igual que en su indeterminación primitiva, el medio fenomenológico puro no tiene conciencia de sí, no hay en él *ninguna conciencia efectiva,* por lo menos mientras no hay en él nada otro que él».[33] Lo que se opone no puede tener una verdadera consistencia ontológica porque no se puede contraponer completamente a este espacio indiferenciado que constituye la misma posibilidad de la oposición. Por esto Henry puede afirmar que en Böhme la máxima objetivación —constituida por la divina sabiduría— «no puede arrancar a lo absoluto de la noche primitiva del *Ungrund* [Abismo]».[34]

Sin embargo, la reflexión de Böhme no logra escaparse de la jaula de la filosofía de la consciencia: de hecho, su lectura se configura más como un vislumbrar que como un pleno alcanzar la verdad de la manifestación. Su consideración de la sabiduría divina remite igualmente a la determinación óntica como momento esencial de la realización de la misma esencia, y esto porque sin la oposición no sería posible reconocer el valor ontológico del *Ungrund.* Lo que implica que la distinción se dé solo gracias a una abstracción:[35] el trasfondo abismal concebido como la nada que siempre se dona a partir de sus manifestaciones[36] encierra en sí «una especie de dualidad interna. Lo que se manifiesta lo hace necesariamente gracias a algo más. En cambio, una manifestación (un fenómeno) no tendría que manifestar nada más que sí mismo».[37] Esto, para Henry,

[31] La filosofía de la consciencia representa aquella posición que subraya el vínculo indisoluble entre consciencia y cosa, de manera que «*el sujeto se relaciona necesariamente con el objeto porque la esencia de la conciencia, idéntica a la esencia de la manifestación comprendida según los presupuestos fundamentales del monismo, se refiere inevitablemente a la determinación como a su verdad.* La significación fenomenológica del vínculo indisoluble que une la conciencia y la cosa la percibe la filosofía clásica cuando declara que *el sujeto no se conoce más que en el objeto*». Michel Henry, *La esencia de la manifestación, op. cit.*, pp. 120-121.

[32] Cfr. Jacob Böhme, *Aus dem Teosophischen Gendbriefen.* S.l., 1624; para una reconstrucción general del pensamiento de Böhme nos permitimos remitir a Isidoro Reguera, *Jacob Böhme.* Madrid: Siruela, 2003.

[33] Michel Henry, *La esencia de la manifestación, op. cit.*, p. 121.

[34] *Ibidem*, pp. 121-122.

[35] Cfr. Alexandre Koyré, *La philosophie de Jacob Böhme.* París: Vrin, 1929, pp. 303-353.

[36] Cfr. Jacob Böhme, *De Triplici Vita.* S.l., 1620, cap. II, p. 75.

[37] Alexandre Koyré, *op. cit.*, p. 243.

significa que el Dios de Böhme queda siempre *fuera de sí*, es decir, que la esencia de la manifestación, el trasfondo abismal, se encuentra una vez más en una condición de alienación. Por lo tanto, Böhme individua en el abismo del trasfondo la necesaria originalidad de la esencia, pero no logra atreverse a la individuación de sus características y, por esto, no logra captar el papel de la vida interior dentro de la misma dinámica de la manifestación.

Logro que, en cambio, caracteriza el pensamiento de Eckhart, autor que, según el fenomenólogo francés, merece completamente el reconocimiento de *maestro* precisamente a causa de su comprensión de la estructura interna de la inmanencia y de su esencia originaria: «A decir verdad, no se la encuentra casi nunca en la historia, más que, sin embargo, en un pensador excepcional, al que antaño se llamóó, con todo motivo, maestro: Eckhart».[38] Es cierto que Henry encuentra en el pensamiento de Eckhart el mejor abordaje para hablar del fundamento entendido como absoluta inmanencia,[39] y esto debido a que «el lector que por primera vez abre los *Tratados y sermones* del Maestro Eckhart no puede evitar sorprenderse por la forma de algunas afirmaciones, forma que consiste en el presentar un imperativo moral o un consejo espiritual como una ley relativa a la esencia»,[40] algo que depende del hecho de que «este esquema racional, tan característico de la argumentación de Eckhart, y en el cual reside sin duda una de las causas de su fuerza en el impacto inmediato y superficial, deja sospechar más profundamente la presencia de un *pensamiento* que opera por debajo del nivel de la predicación, que esta misma traiciona y disimula».[41] Pensamiento en el cual Henry busca la confirmación de los resultados alcanzados por su investigación alrededor de la esencia de la manifestación.[42] Y, de hecho, la *continuidad* del pensamiento entre el místico alemán y el fenomenólogo francés se encontraría precisamente en aquel disimularse de la esencia que le permite abrir un horizonte de luz sin salir ella misma de la invisibilidad. Esta condición es la que Henry reconoce como superación del clásico horizonte trascendental y que ve ya desarrollada en las antiguas palabras de Eckhart. Algo que trata de mostrar precisamente en el parágrafo 39 de *La esencia de la manifestación*, indicando cómo, a pesar del aparente desinterés mostrado con respecto a la

[38] Michel Henry, *La esencia de la manifestación*, *op. cit.*, p. 303.

[39] Cfr. Emanuele Marini, *Vita, corpo, affettività nella fenomenologia di Michel Henry*. Asís: Cittadella, 2005, p. 45.

[40] Gabrielle Dufour-Kowalska, «Michel Henry lecteur de Maître Eckhart». *Archives de Philosophie* [París], 36, 1973, p. 604.

[41] *Ibidem*.

[42] Es correcto indicar que la referencia a Eckhart sigue siendo presente también en algunas de las obras sucesivas de Michel Henry. Como muestra Sebastien Laoreaux, a pesar de disminuir de cantidad, el pensamiento de Henry sigue siendo fuertemente vinculado a la reflexión de Eckhart. Cfr. Sebastien Laoureux, «De "L'essence de la manifestation" à "C'est moi la vérité". La référence à Maître Eckhart dans la phénoménologie de Michel Henry». *Revue philosophique de Louvaine* [Lovaina], 99, 2001, pp. 220-253. Sin embargo, en este ensayo nos limitaremos solo a su presencia en el texto de *La esencia de la manifestación*.

cuestión ontológica, todo el pensamiento de Eckhart ya está orientado hacia el tema de la *parusía*.

Es cierto que el núcleo central de la especulación del místico alemán está constituido por la relación entre ser humano y Dios, pero una atenta lectura de sus textos muestra cómo esta relación se despliega obligatoriamente en el marco de la manifestación de lo absoluto. Por lo tanto, su interés hacia la edificación espiritual implica, a la vez, el tratar de la esencia misma de la manifestación: «*la unión existencial del hombre con Dios sólo es posible sobre el fondo de su unidad ontológica*».[43] Algo que, según Henry, queda confirmado por el mismo Eckhart cuando afirma que «fondo de Dios y el fondo del alma son un solo fondo».[44] Según Henry, el fondo de Dios corresponde a la misma esencia de la manifestación a partir de la cual todo lo que puede salir a la luz encuentra su forma de darse, así que el alma (el ser humano en el punto más profundo de su subjetividad), sintiéndose a sí misma, ya resultaría unida con el absoluto de Dios. Lo que implica que el ser humano, en su raíz más profunda, nunca se encontró fuera de la esencia: «Y por eso soy un no-nacido y, según mi carácter de no-nacido, no podré morir jamás. Según mi carácter de no-nacido, he sido eternamente y soy ahora y habré de ser eternamente».[45] Entonces, Dios y ser humano nunca se encuentran en un estado de separación, y esto confirmaría la concepción henryana para la cual el sujeto no puede alcanzar la verdad de sí mismo si elude el problema de su misma esencia, porque esto significaría perder la misma divinidad de Dios,[46] considerando que «Dios y yo somos uno».[47] Se trata de una identidad que, según el fenomenólogo francés, constituye el auténtico contenido esencial del pensamiento de Eckhart.[48]

La centralidad de la participación en la esencia divina muestra que el místico alemán no quiere desarrollar un conocimiento representativo sino una experiencia *vital* y, por

[43] Michel Henry, *La esencia de la manifestación, op. cit.*, p. 303.

[44] Eckhart, *Tratados y sermones*. Trad. T. Masbach de Brugger. Buenos Aires: Las cuarenta, 2013, p. 389. En *La esencia de la manifestación*, el autor hace referencia a la edición Aubier de los tratados y sermones: Eckhart, *Traités et Sermons*. Trad. F. Aubier y J. Molitor. París: Aubier, 1942. Nosotros haremos referencia a la traducción española indicada. A pesar de algunas diferencias relativas a algunos términos, las dos traducciones mantienen generalmente el mismo sentido.

[45] *Ibidem*, p. 656. Con respecto a este tema nos permitimos remitir al interesante artículo de Laurent Lavaud, «Naître hors du monde. Deux phénoménologies de la naissance: Maître Eckhart et Michel Henry». *Revue de Sciences Philosophiques et Théologiques* [París], 94, 4, 2009, pp. 757-777.

[46] Es comprensible, entonces, cómo el mismo Eckhart llegue a considerar a Dios como «sin ser», con el fin de indicar que la esencia de todo reside en aquel lugar en el cual la *luz* de la conciencia no puede llegar y que, por esto, no puede ser capturado por un acto de intelección. Con respecto a todo esto, cfr. Marie-Anne Vannier, «Spéculation et mystique chez Eckhart». En: Philippe Capelle (ed.), *Expérience philosophique et expérience mystique*. París: Cerf, 2005, p. 194, y Aniceto Molinaro, «Meister Eckhart. Essere, nulla, Dio». *Aquinas* [Roma], 3, 2000, pp. 439-471.

[47] Eckhart, *Tratados y sermones, op. cit.*, p. 318.

[48] Cfr. Michel Henry, *La esencia de la manifestación, op. cit.*, pp. 304-305.

esto, *absoluta* y *actual.* Pero, en cuanto experiencia, este tipo de participación no puede faltar de las mismas características de la esencia, así que el mismo Eckhart tiene que reconocer que se realiza en la *pobreza*, en la *humildad* y en el *amor*. Como se está hablando de una participación que se funda en una previa unión ontológica entre lo absoluto y el ser humano, estas características adquieren ellas también un valor ontológico, y muestran —sobre todo— que no se da una acción voluntaria entre dos seres sino solo un actuar de lo absoluto que se cumple de manera conforme a su estructura, es decir, la *parusía*; la pobreza del ser humano corresponde, entonces, directamente a la indigencia de la esencia:[49] «pues es esta la pobreza en espíritu: que [el hombre] se mantenga tan libre de Dios y de todas sus obras que Dios, si quiere obrar en el alma, sea Él mismo el lugar en el cual quiere obrar».[50] Unas afirmaciones que parecen confirmar la intuición henryana, subrayando cómo aquellas determinaciones que aparentemente solo presentan valor espiritual, en cambio quedan configuradas de manera ontológica. El rechazo de las formas no corresponde, entonces, solo a un camino ascético sino también a la misma aplicación de una reducción fenomenológica conducida radicalmente. Y si la pobreza se presenta como una importante correspondencia entre la posición de Henry y la predicación de Eckhart, no puede faltar la común atención hacia la otra importante connotación de la esencia, es decir, la soledad.[51] Algo confirmado plenamente en el parágrafo 49 de *La esencia de la manifestación*, donde enlazada con la indigencia y la soledad vuelve a *aparecer* aquella invisibilidad que había abierto el camino del reconocimiento de la originaria fenomenalidad.[52] Una vez más es Eckhart el filósofo reconocido como precursor en cuanto autor de una auténtica crítica radical del conocimiento, capaz de pensar la verdad en los términos de una revelación inmanente correspondiente al mismo operar de Dios, es decir, de lo absoluto. De hecho, en el discurso del místico alemán, la oposición existente entre ser y conocimiento se funda en la diferencia ontológica entre verdad de Dios (luz interior, no reflejada y que se dona originalmente) y mundo creado. Una perspectiva en la cual el auténtico conocimiento corresponde directamente a la primera posición, fundamento de todo tipo de conocimiento.[53] Y se trata de una perspectiva totalmente asumida por el mismo Henry, que en ella encuentra confirmación plena de su crítica dirigida hacia la consciencia

[49] Cfr. Natalie Depraz, «Seeking a phenomenological metaphysics: Henry's reference to Meister Eckhart». *Continental Philosophy Review*, 3, 1999, en particular pp. 306-308.

[50] Eckhart, *Tratados y sermones, op. cit.*, p. 655.

[51] Con respecto a este tema, Alain de Libera recuerda que el *Yo* representa precisamente el nombre de la divina *ipseidad* y, a la vez, la marca más evidente de su *solipsismo ontológico*. Cfr. Alain de Libera, *Introduction à la mystique rhénane: d'Albert le Grand à maître Eckhart*. París: Seuil, 1984.

[52] Cfr. Michel Henry, *La esencia de la manifestación, op. cit.,* pp. 407 y ss., y Gabrielle Dufour-Kowalska, *Michel Henry. Un philosophe de la vie et de la praxis*. París: Vrin, 1980, p. 51.

[53] En este caso, el conocimiento de Dios es vía eminente. Cfr. Vladimir Lossky, *Théologie négative et connaissance de Dieu che Maître Eckhart*. París: Vrin, 1960, p. 85.

alienada, incapaz de salvarse de aquella dimensión de trascendencia radicada en la oposición sujeto-objeto.

Concluyendo, no se puede afirmar que la lectura henryana de la obra de Eckhart se apoye en un preciso estudio filológico de sus textos, y queda más que claro cómo el trabajo del fenomenólogo está todo orientado por la búsqueda para encontrar en la obra del místico una directa confirmación de sus intuiciones.[54] Como en el caso de Böhme, aquí nuestro interés no es el de demostrar la validez completa, o menos, de la interpretación henryana, sino el de subrayar las *afinidades* que, efectivamente, no podemos rechazar como completamente falsas.

4. Una posible conclusión

El análisis de las afinidades registrables entre la propuesta fenomenológica de Michel Henry y autores como Böhme y Eckhart —afinidades proclamadas por el mismo Henry— no muestra simplemente una posible cercanía teorética entre autores, capaz de ir más allá de la distancia temporal que los separa. Más que esto, lo que hemos tratado de dejar salir a la luz es cómo en la filosofía contemporánea sigue persistiendo una dinámica fundamental de la existencia que es la de la vida interior como espacio fundamental de contacto entre lo *subjetivo* y lo absoluto. De alguna manera, se trata de la *reconsideración* del misterio en el marco de la misma actividad filosófica. Pero una reconsideración que se constituye como una *llamada* a partir del reconocimiento del límite de la consciencia. Un reconocimiento que, rápidamente, genera otro: el del horizonte de *donación* a partir del cual se abre la misma *posibilidad de la posibilidad*. En particular, nos parece que, a pesar de sus *problemáticas* interpretaciones de los autores indicados, el pensamiento de Henry puede ser reconducido a este tipo de posición. Algo confirmado por el mismo *íncipit* de *La esencia de la manifestación*, que, de hecho, comienza declarando que el objetivo de la investigación que se desarrollará en el libro corresponde al sentido de ser del *ego*,[55] pero también reconoce que este sentido puede revelarse de manera auténtica solo a través de aquella vía que es la *vía del misterio*.[56] Algo que remite definitivamente al fondo de nuestra existencia como donada y, siempre, recibida.

[54] No hay que subestimar la opinión de los estudiosos que han intentado penetrar y estudiar con atención este filosófico «cuerpo a cuerpo». Entre las tantas, resulta interesante el reconocimiento de afinidad expresado por Reaidy: «Lo que M. Henry llama vida no se distingue para nada de lo que M. Eckhart llama Dios, la vida de nuestra vida». Jean Reaidy, «Une relecture contemporaine de la naissance de Dieu dans l'âme par Michel Henry». En: Marie-Anne Vannier, *La naissance de Dieu dans l'âme chez Eckhart et Nicolas de Cues*. París: Cerf, 2006, p. 162.

[55] Cfr. Michel Henry, *La esencia de la manifestación*, *op. cit.*, pp. 15 y ss.

[56] Cfr. *ibidem*, p. 34.

Referencias bibliográficas

BÖHME, Jacob, *De Triplici Vita*. S.l., 1620.

BÖHME, Jacob, *Aus dem Teosophischen Gendbriefen*. S.l., 1624.

CANULLO, Carla, *Fenomenologia rovesciata. Percorsi tentati in J. L. Marion, M. Henry e J. L. Chrétien*. Turín: Rosenberg & Sellier, 2004.

DAVID, Alain; GREISCH Jean (dir.), *Michel Henry, l'epreuve de la vie*. París: Cerf, 2001.

DELAY, Steven, *Phenomenology in France. A Philosophical and Theological Introduction*. Londres: Routledge, 2019.

DE LIBER, Alain, *Introduction à la mystique rhénane: d'Albert le Grand à maître Eckhart*. París: Seuil, 1984.

DEPRAZ, Natalie, «Seeking a phenomenological metaphysics: Henry's reference to Meister Eckhart». *Continental Philosophy Review*, 32/3, 1999, pp. 303-324.

DUFOUR-KOWALSKA, Gabrielle, «Michel Henry lecteur de Maître Eckhart». *Archives de Philosophie* [París], 36, 1973, pp. 603-624.

DUFOUR-KOWALSKA, Gabrielle, *Michel Henry. Un philosophe de la vie et de la praxis*. París: Vrin, 1980.

ECKHART, *Traités et Sermons*. Trad. Ferdinand Aubier y Jacques Molitor. París: Aubier, 1942.

ECKHART, *Tratados y sermones*. Trad. Ilse Teresa Masbach de Brugger. Buenos Aires: Las cuarenta, 2013.

FRABASILE, Carolina, «Michel Henry. La fenomenologia del sentire». *Dialegesthai* [Roma], 18, 2016. Disponible en: https://mondodomani.org/dialegesthai/articoli/carolina-frabasile-01 [Última consulta: 16/06/2023].

GARCÍA-BARÓ, Miguel, «Un acercamiento al problema religioso en el pensamiento de Michel Henry». *Apeiron. Estudios de filosofía* [Madrid], 3, 2015, pp. 309-320.

HENRY, Michel, *Fenomenología material*. Trad. Javier Teira y Roberto Ranz. Madrid: Encuentro, 2009.

HENRY, Michel, *La esencia de la manifestación*. Trad. Miguel García-Baró y Mercedes Huarte. Salamanca: Sígueme, 2015.

IAIA, Gaetano, *La vita, un «saggio» infinito. Studi su Michel Henry*. Pisa: ETS, 2021.

JANICAUD, Dominique, *La phénoménologie éclatée*. París: Éditions de l'éclat, 1998.

JANICAUD, Dominique, *Le tournant théologique de la philosophie française*. París: Éditions de l'éclat, 2001.

JEAN, Grégori; LECLERCQ, Jean; MONSEU, Nicolas (ed.), *La vie et les vivants. (Re-)lire Michel Henry*. Lovaina: UCL, 2013.

KOYRÉ, Alexandre, *La philosophie de Jacob Böhme*. París: Vrin, 1929.

LAOUREUX, Sebastien, «De "L'essence de la manifestation" à "C'est moi la vérité". La référence à Maître Eckhart dans la phénoménologie de Michel Henry». *Revue philosophique de Louvaine* [Lovaina], 99, 2001, pp. 220-253.

LAVAUD, Laurent, «Naître hors du monde. Deux phénoménologies de la naissance: Maître Eckhart et Michel Henry». *Revue de Sciences Philosophiques et Théologiques* [París], 94, 4, 2009, pp. 757-777.

LOSSKY, Vladimir, *Théologie négative et connaissance de Dieu che Maître Eckhart*. París: Vrin, 1960.

MALAGUTI, Ilaria, «Parole et silence. Michel Henry lecteur de Maître Eckhart». En: VV. AA., *Vivre la raison. Michel Henry entre histoire des idées, philosophie transcendentale et nouvelles perspectives phénoménologiques*. París: Vrin, 2016, pp. 141-153.

MARINI, Emanuele, *Vita, corpo, affettività nella fenomenologia di Michel Henry*. Asís: Cittadella, 2005.

MOLINARO, Aniceto, «Meister Eckhart. Essere, nulla, Dio». *Aquinas* [Roma], 3, 2000, pp. 439-471.

PEREGO, Vittorio, *La fenomenologia francese tra metafisica e teologia*. Milán: Vita e Pensiero, 2004.

REAIDY, Jean, «Une relecture contemporaine de la naissance de Dieu dans l'âme par Michel Henry». En: VANNIER, Marie-Anne, *La naissance de Dieu dans l'âme chez Eckhart et Nicolas de Cues*. París Cerf, 2006, pp. 159-182.

REGUERA, Isidoro, *Jacob Böhme*. Madrid: Siruela, 2003.

SALMANN, Elmar, «Presenza e critica. Sulle affinità elettive tra filosofia e mistica». En: MOLINARO, Aniceto; SALMANN Elmar, *Filosofia e mistica. Itinerari di un progetto di ricerca.* Roma: Studia Anselmiana, 1997, pp. 29-60.

SANSONETTI, Giuliano, *Michel Henry. Fenomenologia, vita, cristianesimo.* Brescia: Morcelliana, 2006.

SEBBAH, Francois-David, *L'épreuve de la limite. Derrida, Henry, Levinas et la phénoménologie.* París: PUF, 2001.

SPAGNUOLO VIGORITA, Rosa, «Ciò che la scienza non sa. L'invisibile e la vita in Michel Henry». *Scienza & Filosofia* [Nápoles], 17, 2017, pp. 109-125.

TARDITI, Claudio, *Introduzione alla fenomenologia francese. Temi e percorsi.* Turín: Tangram, 2011.

VANNIER, Marie-Anne, «Spéculation et mystique chez Eckhart». En: CAPELLE, Philippe (ed.), *Expérience philosophique et expérience mystique.* París: Cerf, 2005, pp. 191-206.

Stefano SANTASILIA

RESSENYES

Rob Riemen, *L'art d'esdevenir humà. Quatre estudis.*
Barcelona: Arcàdia, 2023, 277 pàg.

A *L'art d'esdevenir humà*, Rob Riemen presenta quatre estudis que busquen respondre a l'exhortació de Pascal quan demanava que l'home es pensés a si mateix, aprenent a estimar-se i a estimar-ho tot en la justa mesura. Quatre estudis que volen tornar a les preguntes socràtiques fonamentals sobre què constitueix una bona vida i una bona societat (19). És des d'aquestes preguntes que hom pot emprendre el camí per esdevenir humà, quelcom que és un art i no pas una ciència i que, per tant, cadascú ha de fer per si mateix (13); considerant les possibilitats obertes que van lligades a la nostra condició i optant per allò que l'autor anomena «no blesa d'esperit», i que té a veure amb viure una vida lligada als valors universals de la veritat, la compassió, la bellesa i la justícia (14-15).

Riemen presenta aquesta defensa en un món que, al seu parer, s'ha allunyat terriblement d'aquests valors i viu en l'estupidesa i en la mentida (169). Ho fa al llarg de quatre reflexions que, submergint-se en la història del segle XX, extreuen lliçons de les experiències dels camps de concentració japonesos durant la Segona Guerra Mundial (Primer estudi), del món d'entreguerres i dels seus debats intel·lectuals (Segon estudi), de l'afer Dreyfus i el naixement de la figura de l'intel·lectual (Tercer estudi), i finalment, de l'amor i la creació literària enmig de l'angoixa del totalitarisme soviètic (Quart estudi). Quatre assaigs escrits amb una ploma d'estil amable que s'acosta més a l'atractiu de la bellesa literària que a la feixuguesa habitual de la reflexió filosòfica, i que porten el lector des de l'anècdota històrica, la biografia, l'epístola o la ficció novel·lada fins a la reflexió de fons sobre el caràcter del nostre temps. Un llibre que planteja un diagnòstic *filosòfic* sobre el present i que opta per oferir una alternativa *poètica* sobre com hauríem de viure, presentant la història de persones exemplars que mostraren les virtuts del caràcter que van lligades a l'amor a la veritat. Una obra elevada sobre la idea ciceroniana segons la qual la història és la gran mestra de la vida (37) i que tem, precisament, que el passat s'anirà repetint fins que aprenguem la lliçó fonamental de no oblidar-lo (240).

Els quatre estudis de Riemen permeten la delimitació d'una sèrie de problemes espirituals que afecten el nostre món, als quals l'autor intenta donar resposta. Un d'aquests problemes és l'oblit de les grans tragèdies del segle XX i, especialment, de l'experiència de la guerra. La pèrdua present de la transmissió del record a favor d'allò que és útil i agradable (36) suposa quelcom d'especialment greu per a una vida humana, ja que la memòria és la primera defensa contra el mal, la que permet reconèixer-lo quan torna a fer acte de presència (35). L'autor considera que això és precisament el que està passant en l'actualitat: la causa per la qual va morir tanta gent durant el segle XX torna a estar amenaçada per l'oblit de les lliçons de la centúria anterior. La democràcia liberal i els valors universals occidentals en forma d'igualtat i llibertat de tots els individus són qüestionats, de nou, pel retorn de personatges demagògics, que accedeixen al poder per mitjans democràtics en diversos punts del món. Trump, Orbán, Erdogan, Obrador o Putin en són alguns exemples (42-43), el primer dels quals és directament titllat de feixista per part de l'autor (57). Aquest retorn d'una demagògia antidemocràtica que és inherent al règim democràtic (43) és indissociable de l'oblit i de la negligència a l'hora de cultivar els valors morals, una manca de conreu que obre la porta al nihilisme i al fanatisme, les dues afeccions que són el preludi de la violència (44).

Contra el desenvolupament moral, que l'autor equipara amb l'art d'esdevenir humà, conspiren tota una sèrie de fenòmens del nostre món: la reducció de la vida al càlcul econòmic, el relativisme moral que qüestiona la distinció entre el bé i el mal, un fonamentalisme que s'atorga el monopoli de la veritat, la cultura *kitsch* que posa per davant de tot el plaer fugaç, la tecnificació que subordina allò humà a la màquina o al sistema, o l'irracionalisme que posa en dubte tota veritat objectiva (42). Davant d'aquests obstacles, Riemen reivindica l'autoconeixement, que és condició de possibilitat de tot art d'esdevenir humà i, com a primer pas en aquesta descoberta, l'estimació i la memòria de les lliçons d'aquells que ens han format i educat (45). Entre les lliçons que l'autor troba en els qui el van precedir hi ha el reconeixement del fet que mai no podem donar per garantides les coses que més valorem, com ara la salut, el confort material, la llibertat i la justícia. I també l'afirmació de la igualtat humana i de l'existència de valors universals; del fet que, fonamentalment, l'única distinció rellevant que hi ha és entre persones bones i dolentes (68).

Un segon problema sobre el qual Riemen ens convida a reflexionar és el de l'estupidesa i la mentida en les quals estan submergides les nostres societats, afeccions que són indissociables d'allò que l'autor anomena «la desolació de no saber res i el fanatisme de saber només una sola cosa» (83). Una problemàtica enfront de la qual la universitat, més que constituir un remei, n'ha esdevingut còmplice (84). Perquè, en la institució que hauria de cultivar l'art de la lectura i l'ètica de descobrir el significat i la veritat (174), una institució que hauria de negar –en paraules d'Eric Voegelin– el dret de ser estúpid (172), l'activitat ha quedat sotmesa a la lògica pressupostària i del nombre d'estudiants (174), i a més, a les noves ideologies que fomenten que les persones renunciïn al pensament independent en favor d'actituds col·lectivistes cada cop més esteses.

Entre aquestes, caldria ressaltar la ideologia vinculada a un capitalisme que ho redueix tot a la lògica econòmica; o la ideologia *woke*, una forma de pensament que determina quins llibres s'han de llegir i quins no, què s'ha de pensar i què no, i que està obsessionada amb la identitat configurada a partir d'elements que, fins ara, havien estat secundaris, com ara el sexe, la raça, la fe, l'origen, la nacionalitat o l'aspecte físic, davant dels valors universals humanistes que pertanyen a totes les persones i que havien orientat la vida universitària: la recerca de la veritat, de la justícia i de la bellesa. Així, *woke* és una ideologia que, sota la reivindicació de la identitat diferenciada, amaga la submissió a un nou col·lectivisme (176). Per a Riemen, aquesta és la mateixa situació en què es trobava l'Europa d'entreguerres, on tant el poble com molts dels intel·lectuals del moment van ser seduïts per altres ideologies col·lectivistes (169). Potser per això, l'autor dedica l'estudi més llarg del llibre a una descripció històrica detallada del clima intel·lectual de mitjans de segle XX, especialment a Alemanya, i a la història d'alguns dels seus protagonistes. Amb especial atenció a aquells que, davant la derrota de la raó, reivindicaren la filosofia genuïna i el pensament independent. Max Weber, Thomas Mann, Edmund Husserl o Robert Musil són alguns dels personatges als quals l'autor ens convida a tornar.

Prosseguint amb la defensa del pensament independent contra el col·lectivisme, Riemen explica la història de l'afer Dreyfus a la França del tombant dels segles XIX i XX i del naixement de l'intel·lectual en la figura d'Émile Zola. Mitjançant aquest relat, l'autor reivindica el paper de l'«autèntic intel·lectual», la persona erudita que, des del domini de les arts i les idees, es presenta com a guardià de l'herència espiritual en defensa de la veritat i de la justícia, és a dir, d'aquells coneixements i valors dels quals es deriva la dignitat humana (221). A aquest intel·lectual que se sent responsable del destí del món, l'autor hi oposa els qui neguen l'existència de valors universals presentant-los com a meres abstraccions, i que acusen l'intel·lectual de ser un elitista allunyat de les tradicions, la identitat i l'esperit dels pobles (222), com aquells que, des de l'extrema dreta, reivindiquen el misticisme de la sang, del poble o de la guerra (224-225). L'intel·lectual també contrasta amb aquells que, des de l'extrema esquerra, neguen que la veritat i la justícia siguin valors transcendents iguals per a tothom, considerant-los tan sols instruments al servei del poder (226-227). Contra tots ells, Riemen defensa l'actitud intel·lectual que té arrels en la tradició judeocristiana i que, contra tot abús de poder o voluntat arbitrària dels poderosos, reclama la veritat i la justícia com a forces alliberadores al servei de la dignitat de cada persona (227-228).

Les reflexions anteriors queden sintetitzades en un estudi final en què l'autor reivindica la presència de permanències humanes que justifiquen la necessitat d'atendre sempre a la història, perquè es pot repetir i, de fet, ja s'està repetint (239). Ho veiem en un temps que, contra les il lusions de finals de segle XX, veu com la guerra, el mal perpetrat per les persones o la posada en dubte de la democràcia liberal i els seus valors tornen a ser un fet (239), i que deriven en la defensa de l'escriptor o l'artista com aquell que ha de continuar explicant la veritat, divulgant sentit i alertant del desastre que sempre pot aparèixer de nou en una vida humana (244).

Als hereus de l'humanisme que Riemen reivindica a *L'art d'esdevenir humà*, la defensa de la llibertat, de la independència de pensament i del compromís amb la veritat i la justícia no pot fer més que apel·lar-nos. Amb tots els defensors de l'educació liberal, creiem que l'ésser humà és allò que aprèn a esdevenir mitjançant les idees amb les quals es compromet a orientar una vida oberta a les possibilitats d'un ésser que està per fer, i per tant, sostenim que el millor cultiu de la humanitat continua sent aquell que nodreix l'ànima amb allò que millor l'alimenta: els coneixements continguts en el diàleg de les grans ments de la nostra tradició.

Tot i així, algunes de les reflexions de Riemen ens obliguen a preguntar-nos fins a quin punt en tenim prou amb la defensa dels valors universals de veritat i justícia, exemplificats en la figura de l'intel·lectual insubornable, especialment després d'un final de la modernitat en el qual hem vist com la probitat intel·lectual de diverses generacions de crítics filosòfics ha derivat en el nihilisme i en la manca de confiança en la raó, la veritat i la justícia. És a dir, sospitem que les necessitats i exigències del pensament podrien no ser les mateixes que les de la vida política, fet que ens porta a recuperar una distinció que el llibre no planteja i que és, precisament, aquella entre el filòsof que vol comprendre el món i l'intel·lectual que està més preocupat per canviar-lo. O recordem com, al llarg del segle XX, sovint l'entusiasme intel·lectual ha estat molt més perillós que les opinions imperfectes però civilitzades dels no intel·lectuals, que contra la follia del pensador que vol transformar el món sacrificant el present han garantit que aquest continuï sent un món *humà*.

Però llavors tornem al relat de Riemen i veiem que, reflexionant sobre el destí de les humanitats en Husserl (165) o la claudicació intel·lectual davant del comunisme (146), l'autor és perfectament conscient del paper que les humanitats i els intel·lectuals han tingut en el seu propi destí nihilista o col·lectivista. És en aquest punt que entenem per què *L'art d'esdevenir humà* no és un tractat filosòfic sinó un relat històric que recorda els mals a mercè dels quals sempre ens trobem i els models de compromís individual amb la noblesa d'esperit que hauríem de seguir per resistir-hi. Potser en un moment de desolació total i manca de sentit, això és, en un moment de crisi com el nostre, el que més necessitem són exemples que testimoniïn una aspiració i un camí. Potser sigui aquest el millor compromís amb la defensa d'una tradició humanista que, al capdavall, va començar amb dues figures, Sòcrates i Jesús de Natzaret, que foren dos grans exemples del tipus de vida que hauríem de viure.

Jordi FEIXAS I ROIGÉ
Facultat de Filosofia La Salle –
Universitat Ramon Llull

Joan-Carles Mèlich, *La condición vulnerable.*

Barcelona: Fragmenta Editorial, 2022, 109 pàg.

Joan-Carles Mèlich, professor de filosofia a la Universitat de Barcelona, ha elaborat un llibre dedicat a un tema molt recurrent en la filosofia dels darrers decennis: la condició vulnerable. Ampliant el que vaig escriure a la revista *Actualidad Bibliográfica*, en aquesta breu obra escrita originalment en català i traduïda amb meticulositat per Marta Rebón, el professor Mèlich tria la frase lapidària de Siri Hustvedt per tal d'encetar les seves pàgines: «Tot ésser humà és susceptible de ser ferit», segons la qual, tal com ens explica l'autor en el seu intent de realitzar una filosofia literària amb trets fenomenològics, la «vulnerabilitat està lligada a una identitat mai fixada del tot; una identitat que sempre està exposada als altres; una identitat que es construeix dins d'un univers de màscares com el que és, en definitiva, el ball de l'existència; una identitat creada en les relacions amb d'altres, amb amics i amb estranys» (pàg. 11).

Així doncs, hi ha diversos filòsofs que han parlat sobre la vulnerabilitat i la seva importància per a la vida humana. Si esmentem Martha Nussbaum, en les seves obres ha abordat la vulnerabilitat en relació amb la justícia social i la igualtat d'oportunitats. Al costat seu s'ha argumentat que tots els éssers humans són vulnerables i que la justícia social ha d'estar dissenyada per ajudar a protegir les persones més febles i excloses de la societat. A més, i si recordem Emmanuel Levinas, podem parlar sobre la vulnerabilitat en tant que condició humana fonamental. Mèlich argumenta que la vulnerabilitat és el que ens fa humans, de tal manera que la nostra responsabilitat ètica (o *responsivitat*) cap als altres sorgeix de la comprensió de nosaltres mateixos en tant que vulnerables. Som cossos vulnerables, en els quals destaca molt especialment, pensem, el rostre.

No ens oblidem d'esmentar, per això, els plantejaments en la línia de Judith Butler, quan ha abordat la vulnerabilitat en relació amb la identitat i la sexualitat. Per raó d'això, s'ha parlat sobre el concepte del rostre i la seva importància en la comprensió de nosaltres mateixos i dels altres. Els rostres es presenten com a vulnerables, plens d'imperfeccions, marcats pel dolor, la tristesa, la vellesa, el desinterès... El rostre és fonamental en la construcció de la nostra identitat i en la nostra capacitat de reconèixer els altres com a éssers humans. Tant és així que el rostre és el mitjà a través del qual ens comuniquem amb els altres, i també, és el que ens permet establir relacions socials i desenvolupar la nostra identitat personal, social i cultural. A partir de Mèlich podem afirmar que el rostre és també un lloc de vulnerabilitat. El nostre rostre és el que ens fa vulnerables a la mirada dels altres i a les expectatives culturals sobre com ens hem de presentar al món. El rostre pot ser utilitzat com un mitjà per exercir poder i control sobre els altres, i per imposar normes i estereotips racials, sexuals o d'una altra tipologia.

El llibre de Mèlich bé podria comparar-se amb *El gènere en disputa,* de Judith Butler, en què tracta la noció del «subjecte sobirà», en tant que idea associada a la filosofia occidental tradicional, que sosté que el subjecte és un ésser autònom i separat del món. Per a tots dos, el rostre és una forma en què podem resistir aquesta noció sobiranista, ja que ens fa visibles i interdependents amb els altres. El rostre vulnerable és fonamental en la construcció de la nostra identitat i en la nostra capacitat de reconèixer els altres com a éssers humans igualment vulnerables. El rostre és un espai on es revela la vulnerabilitat física i espiritual. Per això, es reclama *responsivitat* davant el rostre vulnerable, fent-nos càrrec dels seus problemes, tot i que s'utilitzi com un mitjà per exercir poder i control sobre els altres; àdhuc per ocultar-lo fora de l'escenari públic, segons un *jovenisme* imperant actualment, on hi ha cabuda per als rostres malalts i envellits. Així mateix, tampoc no es pot ocultar que Mèlich se situa del costat d'un *debolisme* com el de Gianni Vattimo, mort recentment, segons el qual es fa gala de la manca de fonamentació metafísica a favor d'un gir ètic en el pensament: pensar ens ha de portar a prendre consciència del *desfondament* del subjecte metafísic i a tenir especial cura dels més febles.

Tot això ha portat, no pas sense dilemes morals encara sense resoldre, a pensar que la vulnerabilitat és una part integral de la vida humana i esdevé central per a la comprensió de nosaltres mateixos i dels altres. Com que vulnerabilitat prové de *vulnus* (ferida), cal atendre a l'experiència d'estar ferits, adonant-nos de la ferida existencial, i en ocasions injustament infligida, nostra i dels altres: «En aquest context, *ferida* no és necessàriament sinònim de dolor o de patiment, sinó d'"afectació", de *pathos*. Que la condició humana és vulnerable significa que l'existència s'inventa afectada per 'alguna cosa' que no pot dominar (del tot), és a dir, per un element estructural que opera en qualsevol moment de la vida» (pàg. 46).

Mèlich, el qual identifica tota metafísica amb el dualisme, potser no considera plantejaments més analògics i menys *hipostasiants* de l'ésser. No tota metafísica és aquella que prefereix un món de llum negant tota foscor, o fins i tot els clarobscurs i les ombres de l'existència. Quan Martin Heidegger parlava de la diferència ontològica, podem adduir-hi que la vulnerabilitat manté relació amb la nostra comprensió de l'ésser. És molt discutible que «no hi ha vulnerabilitat en un món metafísic" (pàg. 13); òbviament, això val per al dualisme en les seves diverses formes (ontològic, antropològic, moral, etc.), atès que la nostra comprensió de l'ésser sorgeix de la nostra finitud i que la nostra comprensió del món i de nosaltres mateixos ha de tenir en compte aquesta diferència insostenible: no som absoluts. Es pot tenir noció del finit sense la noció de l'absolut, de la ferida al marge de la guarició plena, encara que ho expressem com un lament o com una constatació del que ens manca? No hi ha aquí implícita una nostàlgia de l'absolut, un anhel d'una vida redimida de la caiguda i del mal? Encara més, no es podria interpretar el dogma de l'Encarnació cristiana, en comptes d'una claudicació davant el mal o d'un Déu que abdica de la seva divinitat, com la plenitud de vida que les mateixes ferides humanes poden assolir en tota la seva profunditat, dolor i cruesa?

Pel que fa a això, la vulnerabilitat, a diferència de l'autor, es pot pensar com la mancança o l'absència d'una plenitud, la qual, emperò i contra tot pronòstic, podem pensar i desenvolupar. D'altra banda, i fixant-se en el pensament d'Avishai Margalit, a *The Decent Society* (1996), Mèlich proposa una moral (o, més ben dit, una ètica) heterònoma i situada, la qual es distingeix dels formalismes basats en normes universals: «[...] la idea central d'una moral des de la provisionalitat no és la *llei*, sinó la *decència*. Mentre que la decència val amb independència del context, la segona sempre fa referència al context» (pàg. 30). Una altra vegada, l'autor, decididament situacionalista i antiformalista, pensa que aquesta ètica és incompatible amb la metafísica, per la qual cosa vull preguntar-li el següent: És també incompatible amb l'ètica (de caire aristotèlic) que s'entrena en l'educació en les virtuts, és a dir, que mira de front el mal, que amb vistes a l'excel·lència, constata els vicis, i canvia les conductes sense «aniquilar la vulnerabilitat en comptes d'enfrontar-la» (pàg. 35)?

A diferència de l'autor, vull afirmar que l'home vulnerable és capaç d'*areté*! Per exemple, en la filosofia de Hannah Arendt, la vulnerabilitat i l'ètica de l'acció crítica estan estretament relacionades. En Arendt, la vulnerabilitat és una característica constitutiva de la condició humana i aquesta vulnerabilitat és el que ens permet connectar-nos amb els altres i desenvolupar un sentit autèntic de responsabilitat ètica conscient. Per això, Arendt sosté que la vulnerabilitat és necessària per al desenvolupament d'una ètica de la responsabilitat: la capacitat de ser afectats pel patiment i la injustícia en el món és el que ens porta a sentir compassió pels altres, i a actuar per remeiar aquestes situacions. Fins i tot, contra els altres requeriments intel·lectuals d'Arendt, per al filòsof també d'origen jueu Hans Jonas, especialment a *El principi responsabilitat*, la vida més orgànica i bàsica, des del punt de vista d'una ètica mínima, exigeix un respecte absolut expressat en unes actituds metanormatives que la respectin, la conservin i la promoguin sense ambigüitats.

Així doncs, la vulnerabilitat es refereix a la nostra exposició de ser danyats pel món i pels altres, però també a la nostra capacitat de rebel·lar-nos, per mitjà de l'acció virtuosa, contra l'acció maligna i la indiferència. Aquesta vulnerabilitat no és una feblesa, sinó que és una part integral de la nostra humanitat. De fet, la nostra vulnerabilitat és el que ens permet sentir compassió envers els altres, de manera que una ètica de l'excel·lència no és del tot descartable. L'ètica es basa en la responsabilitat envers els altres i en la capacitat d'actuar en el món en un sentit polític. Clàssicament, a més, l'ètica s'ha relacionat amb la capacitat de prendre decisions i d'actuar de manera autònoma en el món, tot i que la seva és la d'una autonomia relativa. Som una vida exposada, heterònoma, de la qual ens hem de fer càrrec per guarir-la i acomplir el seu bé.

Així doncs, la vulnerabilitat i la possibilitat d'una ètica de les virtuts estan estretament relacionades. La vulnerabilitat és una característica estructural de la condició humana que ens permet connectar amb els altres i desenvolupar una ètica, autònomament relativa, de la decència responsable i el treball de les virtuts. La capacitat de ser afectats pel patiment i la injustícia és el que ens porta a actuar de manera autònoma i a sentir-nos responsables de millorar el món en què vivim. En conseqüència, és del tot brillant la citació de l'*Emili* de Rousseau que trobem en el llibre: «És la debilitat de l'home la que el torna sociable, són les nostres misèries comunes les que porten els nostres cors cap a la humanitat, res li deuríem si no fóssim homes» (pàg. 57).

En definitiva, recomano la lectura d'aquest llibre del professor Mèlich, en el qual ha abordat de manera molt bella i sensata la vulnerabilitat, així com la seva importància no ja per a la filosofia, sinó per a la vida humana cridada a comprometre's amb els més ferits d'aquest món. No es pot viure autènticament ni ser excel·lents sinó assumint la nostra condició vulnerable. Finalment, i malgrat que no ens ha donat temps de tractar-ho tot en una recensió breu, la vulnerabilitat és la condició humana que afecta la nostra comprensió del món i de nosaltres mateixos, tot comportant implicacions importants per a l'ètica, la justícia social, l'estètica i la metafísica.

Ricardo MEJÍA FERNÁNDEZ
La Salle – Universitat Ramon Llull

Byung-Chul Han, *La crisi de la narració.*
Barcelona: Herder, 2023, 108 pàg.

Byung-Chul Han, filòsof i literat, és un dels assagistes divulgatius contemporanis més influents en el món occidental. Amb més d'una vintena de títols publicats, ha aconseguit captivar la societat gràcies a la seva anàlisi crítica de les dinàmiques socials i culturals. A *La crisi de la narració*, l'autor ens convida a reconsiderar la manera en què construïm i compartim històries en la nostra vida quotidiana, contraposant els termes de la narració enfront de l'*storytelling* modern. En aquesta obra, es fa referència a la concepció, emprada en màrqueting i en periodisme, del mot *storytelling* com a «art de narrar històries com a estratègia per transmetre missatges emocionalment».

L'autor suggereix que la crisi de la narrativa que ha nascut en la Modernitat s'arrela en la sobreabundància d'informació a la qual estem sotmesos. La informació, de caràcter efímer, cal que sigui revelada sense reserva ni dilació. El seu valor es deteriora quan deixa de ser nova. En la narrativa, en canvi, és precisament la retenció selectiva d'informació el que fa que augmenti el suspens. La clau de la narració no rau en la revelació indiscriminada, sinó en l'art subtil d'ometre i sospesar cada paraula. Així, informació i narració es presenten com a esdeveniments excloents i irreconciliables.

Al llarg de l'obra, Han es recolza en els escrits de Walter Benjamin. Amb nombroses citacions a obres com *Experiència i pobresa* o *El narrador*, ens fa veure que la pèrdua de la tradició en la comunicació oral ens empobreix com a societat. La figura del narrador emergeix com l'artífex de la transmissió de la saviesa i l'experiència, disposada a aconsellar sense prometre una solució fàcil a un problema. La comunitat narrativa, doncs, es compon de figures que cerquen i donen consells. D'aquesta manera, la desaparició de la cultura narrativa provoca un detriment en la saviesa col·lectiva. En el seu lloc, neix una filosofia de vida orientada a la *tècnica de solucionar problemes.*

Han ens parla d'una primera Modernitat, deslligada de la tradició, que ha desterrat la figura del narrador i l'ha substituïda per una figura de *constructor* que, rebutjant l'humanisme tradicional, s'ha entusiasmat amb la idea d'oblidar el passat per tal de començar des de zero. Després, apropant-nos al món contemporani, Han ens parla d'una segona Modernitat –la Modernitat tardana–, que ha perdut també l'interès en aquesta darrera idea: l'ànsia transformadora, el fet de tornar a començar des de zero, s'ha diluït envers la complaença o la condescendència. D'aquí, l'*storytelling* ha emergit com una simple eina per vendre històries, tot desterrant l'interès en la narrativa i la seva capacitat transformadora.

Amb la pèrdua del pes del passat en el present, la vida es converteix en un bucle ininterromput en què es passa d'un present immediat a un altre. Aquesta absència de perspectiva de futur converteix l'existència en simple supervivència, on l'únic horitzó és la resolució de problemes. Han, a través d'aquesta obra, ens convida a reflexionar sobre aquesta dinàmica que ha anat fent minvar la narrativa i ha convertit la vida en una successió de moments fugaços i sense direcció.

Aquesta filosofia de vida s'ha vist agreujada amb l'auge de la digitalització i l'aparició de les xarxes socials. Han ens diu que el *Phono sapiens* ha desbancat l'*Homo sapiens*: hem protocol·litzat la vida. Els posts o les històries no aconsegueixen constituir una narrativa, no és el seu objectiu. Les xarxes ens permeten compartir instantànies a mode d'informació, i aquesta informació és ràpidament substituïda per una altra informació més recent. Tanmateix, Han ens recorda que l'ésser humà no és un ésser d'instants: existim en un règim continu des del naixement fins a la mort. Per tant, la felicitat no és quelcom puntual, sinó que es nodreix de les vivències viscudes en el passat. Cal que el passat s'acobli en el present de tal manera que pugui continuar tenint impacte.

Si aspirem a conèixer-nos a nosaltres mateixos, cal que teixim una narrativa de la nostra vida. A causa de la continuïtat inherent a la nostra existència, aquesta narrativa vital no pot centrar-se exclusivament en esdeveniments quantificables. La nostra vida, en la seva totalitat, ha de ser abraçada i compresa més enllà de l'instant o de les xifres, de manera que ens permeti construir un relat profund que transcendeixi la fugacitat de la immediatesa digital. És la narrativa mateixa la que pot conferir significat al pas del temps.

Han exposa la preocupant realitat de la pèrdua de la capacitat narrativa en la societat actual, identificant la manca d'interioritat com l'obstacle principal per a la narració. En aquest context, la facticitat –basada en la simple explicació causal dels fets– i la narrativa semblen irreconciliables. Tot allò que pot ser explicat es redueix a una mera forma d'informació, contribuint a la creació d'una societat desencantada, on la relació de l'ésser amb el món se simplifica en mera causalitat. L'autor suggereix allunyar-se d'aquesta visió i adoptar una perspectiva poètica de les relacions entre l'home i els objectes. De fet, s'esmenta la infantesa com l'últim període vital de connexió amb un món màgic i ple de misticisme. Malauradament, aquesta infància és ràpidament corrompuda a causa del contacte amb el món digital. En l'obra, l'autor afirma que els infants «busquen informacions com si fossin ous de Pasqua digitals», accelerant el desencantament amb el món i la dissolució d'experiències convertides en dades i informacions.

L'obra també critica, des d'un punt de vista humanístic, les tecnologies que basen el seu funcionament únicament en grans volums de dades. Mentre que les macrodades i les tecnologies que faciliten la seva anàlisi poden proporcionar-nos informació rellevant sobre diverses correlacions, s'argumenta que es necessita un component humanístic per analitzar-ne la causalitat.

Es destaca que el «per què» està sent relegat totalment a favor de l' «és així». En contrast, la narració es presenta com una eina que ens permet desenvolupar associacions conceptuals, obrint la porta a una comprensió profunda dels motius que impulsen les coses o la resposta a les qüestions fonamentals. En aquesta línia, Han destaca el fort lligam que sempre hi ha hagut entre filosofia i narrativa. Com a exemple, ens planteja els diàlegs de Plató, en què, si bé el filòsof fa una crítica del mite com a narració per al bé de la veritat, ell mateix s'auxilia de mites al llarg dels seus diàlegs com a estímul de la raó. Segons Han, la decadència de la filosofia comença quan es pretén desfer-se de la narrativa per convertir-la en una ciència exacta. Considera que pretendre que la filosofia sigui una ciència és el preludi del seu final.

Finalment, l'obra acaba amb una dura crítica a l'*storytelling*, el qual considera contrari a la narrativa autèntica. L'*storytelling* es defineix per unes històries que són curtes, arbitràries i destinades a ser consumides amb celeritat, com si fos mera informació. Aquestes narracions han estat concebudes amb l'objectiu de suscitar emocions que puguin influir en el nostre comportament sense el coneixement conscient de la nostra ment, essencialment privant-nos de l'oportunitat de la reflexió. A diferència de la narrativa autèntica, que fomenta la creació de comunitat, l'*storytelling* està enfocat cap a una societat de consum i individualista. L'enfocament narcisista de l'*storytelling*, que fins i tot pretén comercialitzar la moral, no té com a objectiu millorar la comunitat, sinó simplement alimentar l'ego personal. A conseqüència d'això, ens trobem mancats de narratives que puguin establir una comunitat i donar sentit al nostre món.

En conclusió, l'obra *La crisi de la narració* de Byung-Chul Han es presenta com una crítica a la societat contemporània, que, immersa en la sobreabundància d'informació i la fugacitat del consum de *storytelling*, ha perdut la capacitat de construir i transmetre narratives significatives. La figura venerable del narrador, transmissor de saviesa i experiència, ha estat reemplaçada per la figura del *constructor*, orientat a la immediata resolució de problemes, desencadenant un sentiment generalitzat de desencantament amb el món. La pèrdua de la narrativa, a més d'afectar la transmissió de la saviesa i l'experiència, també ha degradat la nostra capacitat de comprendre el món. En un context digital, en què la informació esdevé efímera, Han destaca la importància de recuperar la narrativa com a mode de vida per donar sentit a les vivències i establir una base per a la construcció de la identitat comunitària.

Ester VIDAÑA-VILA
La Salle – Universitat Ramon Llull

Diego Fusaro, *El nuevo orden erótico. Elogio del amor y de la familia.*

Vilassar de Dalt: El Viejo Topo, 2023, 408 pàg.

Diego Fusaro, professor d'Història de la Filosofia a Milà, publica en la seva versió castellana la que, potser, és la seva obra més controvertida fins ara: *El nuevo orden eróti-*

co. Elogio del amor y de la familia. Fusaro, marxista de filiació, és un pensador sempre polèmic que combina idees que s'acostumen a considerar pròpies de l'esquerra revolucionària amb idees associades normalment a la dreta conservadora. L'autor, però, creu que aquestes categories polítiques estan obsoletes. «Dreta» i «esquerra» serien conceptes que en el present ja no tindrien sentit en la mesura en què tots dos tendirien a assimilar la mateixa visió del món: la que imposaria la societat configurada per un capitalisme sense límits que l'autor anomena «turbocapitalista».

El pensament de Fusaro pretén analitzar la idiosincràsia d'aquest món en què vivim sense caure ni en dogmatismes ni en prejudicis que puguin derivar-se de mantenir posicions apriorístiques sobre la naturalesa dels engranatges que configuren, tant a nivell polític i econòmic com a nivell moral, la nostra societat. Seguidor heterodox d'autors com Hegel, Marx o Gramsci, Fusaro no té problemes a recórrer al pensament de filòsofs premoderns, com Plató, Aristòtil o sant Tomàs, que hom podria considerar antitètics dels primers, per reforçar les seves tesis. El nucli del seu assaig gira al voltant de la consideració que l'amor ha quedat subsumit a un nou ordre eròtic que no seria sinó el reflex d'un capitalisme integral que ho mercantilitza tot. La situació precària de l'amor, reduïda al rang de simple gaudi individualitzat, hauria començat «amb la contestació antiburgesa del 68 i amb l'enderrocament de tota autoritat capaç de frenar la satisfacció immediata dels desitjos que sempre ressorgeixen» (pàg. 158). Per al nostre autor, el capitalisme, després de la caiguda del mur de Berlín el 1989, entra en una nova fase en què aconsegueix envair totes les dimensions de la vida, inclosa la de l'amor, que es veu convertida «en un producte fet a mida per als consumidors unisex que, sense limitacions, excepte les econòmiques, poden beneficiar-se'n en formes liberalitzades. De ser un lligam de solidaritat i antiutilitarisme, gratuït i relacional, donatiu i ètic, esdevé una mercaderia de lliure consum per a subjectes solitaris amb enllaç intersubjectiu interromput» (pàg. 17).

Fusaro defensa que en la nova fase del capitalisme global en què vivim es rebutgen les relacions amoroses duradores i estables, ja que podrien ser un obstacle per a la lògica del consum exacerbat pròpia de la postmodernitat. En conseqüència, tant la família tradicional com la visió antropològica en què es basa, la diferència ontològica i complementària entre home i dona, es veuen denigrades. Seguint Hegel, Fusaro creu que la institució familiar seria el lloc on l'amor, entès com un ser per-a-un-altre, formaria una «comunitat ètica natural» fonamentada no tan sols sobre la unió corporal, sinó també sobre els interessos, projectes i perspectives comunes. Constituiria una comunitat originària en què «l'individu no desapareix, sinó que es converteix en el membre d'una totalitat solidària i no econòmica» (pàg. 222). D'aquesta manera, la família, cèl·lula fonamental de l'home com a ésser social, permetria que la naturalesa immediata del sentiment de l'amor assolís una forma ètica, conscient i desitjada, que seria fonamental per resistir en un món que pretén atomitzar els individus. Introduint-los en la roda d'un nihilisme consumista, el nou ordre del sistema del lliure mercat proporcionaria experiències sexuals plaents i efímeres. El seu valor radicaria en la seva novetat: «l'instant del goig, com el del consum, es basta a si mateix i, al mateix temps, no ens satisfà plenament: en la seva efímera durada remet a una altra cosa, és a dir, als nous instants de goig que, com mercaderies fantasmagòriques, vindran aviat, segons una linealitat d'aquesta "mala infinitud" en virtut de la qual cada instant és només un element preparatori per al següent» (pàg. 138). La sexualitat liberal i desregulada es basaria en la reducció de la idea de llibertat a la capacitat de triar lliurement i individualment l'objecte eròtic de consum. Fusaro assenyala que, no obstant això, el panconsumista mai no triaria de manera lliure, ni tampoc definitiva, sinó que estaria sotmès als influxos d'una societat hipersexualitzada, interessada a mantenir-lo allunyat de tota forma de vincle estable.

Juntament amb la difamació que pateix la família tradicional, el filòsof italià destaca la importància, segons l'expressió lacaniana, de «l'evaporació del pare». Des de 1968 en endavant s'hauria deslegitimat la figura paterna etiquetant-la d'autoritària, sexista i paternalista. El pare representaria en el pla simbòlic un límit als desitjos narcisistes dels individus atomitzats de la civilització del consum. Fusaro diu que aquesta és la raó per la qual «la desetització es produeix, amb el vocabulari de Freud, a través de la desintegració del Superjò patern, reemplaçat per l'Allò del desig consumista sense inhibicions i, per dir-ho amb paraules que prenem lliurement de Marx, abandonant tant la consciència opositora proletària, com la consciència infeliç burgesa i la seva dimensió ètica» (pàg. 229). La lògica del capitalisme neoliberal seria tant antiburgesa com antiproletària. D'això no se n'haurien adonat les formacions polítiques del quadrant esquerre hereves de l'esperit del 68 que, incapaces de distingir entre burgesia i capitalisme, associarien erròniament aquest últim amb posicions conservadores. La realitat, en canvi, seria que el neoliberalisme salvatge persegueix la liberalització dels costums. Segons Fusaro, i aquest és un dels plantejaments més provocadors de la seva obra, «la Dreta liberal dels Diners i la desregulació dicta les lleis estructurals; l'Esquerra llibertària dels Costums i l'anarquisme proporciona les superestructures que la justifiquen en el pla simbòlic» (pàg. 236). Els gestors de la superestructura, d'ideologia «progressista», jugarien un paper clau en la lluita per eliminar els costums tradicionals. Intel·lectuals, acadèmics o periodistes treballarien per convèncer l'opinió pública del paper autoritari i repressor de les institucions associades a la moral tradicional. El resultat seria una societat precaritzada, desarrelada i, segons la famosa metàfora de Zygmunt Bauman, líquida.

Des d'aquesta clau hermenèutica s'han d'entendre, per a Fusaro, els continus atacs al concepte de naturalesa humana duts a terme pel que anomena «una nova forma d'imperialisme totalitari glamurós» (pàg. 241), de «pensament únic» (pàg. 248), que jugaria únicament en benefici de l'elit financera liberal-llibertària. L'auge de l'individu unisex postidentitari que caracteritzaria la societat del consum obeiria, sota la falsa aparença d'una igualtat emancipadora, a una sèrie de «pràctiques biopolítiques i bioeconòmiques que redueixen cada vegada més el cos i la ment a una mina de la qual extreure plusvàlua» (pàg. 248). Sorgiria així una «gendercràcia» que prometria la llibertat dels individus però que, en realitat, crearia un nou model humà que les lleis del capital manipulen a plaer. Fusaro escriu que la ideologia de gènere degrada el concepte d'igualtat al rang de «simple ser-un-mateix, a neutralització de la dualitat ontològica mascle i femella. S'obté d'aquesta manera una forma d'enganyosa igualtat: la indistinció» (pàg. 254). Per a la ideologia de gènere seria essencial cancel·lar les diferències perquè cada àtom unisex pugui decidir el que vol ser concretament segons el seu desig consumista incondicional. D'aquí que la diferència mateixa entre homes i dones es qualifiqui com a discriminatòria i que s'aposti, en canvi, per l'individu de gènere fluid.

El nou ordre eròtic dissoldria les identitats i neutralitzaria la relació amb les diferències quan, diu Fusaro, estimar significa precisament intentar acostar-se a l'altre sense anul·lar l'alteritat absoluta que representa i que troba el seu fonament últim en la diferència sexual. En el nexe veritablement amorós hi conviurien en equilibri la diferència i l'alteritat, la dependència i la llibertat. La síntesi amorosa implicaria, tal com defensaren Plató i Hegel, l'afirmació d'una unitat dual que respecta les diferències. Però si l'altre no és una alteritat que jo puc estimar, aleshores la relació donativa del ser-per-a-un-altre pròpia de la dimensió de l'amor desapareix i els altres individus es converteixen en simples béns eròtics. El capitalisme global se serviria així de la ideologia de gènere per instaurar una anivellació que homologaria els éssers sota el signe de la forma mercaderia. Fusaro escriu que «com totes les ideologies, el gènere o ideologia de gènere es nega obstinadament a reconèixer el seu propi estatus ideològic i aspira a presentar-se com a natural» (pàg. 329). Seguint Marx, el nostre autor entén que tota ideologia es fonamenta «en la dinàmica de naturalització d'allò social que implica la transformació de la realitat històrica en un a priori ideal amb l'objectiu de mostrar el capitalisme com si fos un fet natural» (pàg. 329). En el pla dels costums eròtics, la ideologia de gènere seria l'encarregada de legitimar i glorificar superestructuralment l'ordre capitalista que s'hauria globalitzat des del 1989. La «gendercràcia» serviria per justificar un sistema que desregula la sexualitat separant-la de la seva dimensió procreativa i solidària i reduint-la a una simple activitat de consum.

Amb la finalitat de tornar la dimensió ètica a una societat atrapada en les lògiques mercantilistes del neoliberalisme salvatge, Fusaro proposa recuperar els vells valors del món ètic burgès, que assumirien un valor «revolucionari i altament contestatari respecte del nou ordre antiburgès i antiproletari» (pàg. 405). Recuperar el poder revolucionari de la relació amorosa seria fonamental per fer front als substituts de l'amor que l'ordre hegemònic proporciona. Com exemplificarien els protagonistes de *1984*, d'Orwell, un simple i senzill «t'estimo», locució que expressaria una veritat que no es podria explicar sota la lògica del consum, pot tenir un valor revolucionari contra el sistema utilitari, que redueix les relacions humanes a mercaderia. Així mateix, la família tradicional seria el lloc paradigmàtic on la unió amorosa, superant la pulsió sexual, es convertiria en una relació moral, configurada al voltant de la gestió del patrimoni comú i de la cura dels fills. La família apuntaria a la construcció d'un horitzó comú, allunyat de la manca de compromís que caracteritzaria les relacions eròtiques imperants. Recuperar-ne el valor seria de capital importància, ja que la seva destrucció no tindria res d'emancipador, sinó que seria un factor clau en el procés d'atomització i alienació de l'individu dut a terme per part del capital.

L'assaig de Fusaro, erudit i suggeridor, posa a la palestra un tema d'actualitat des d'una perspectiva arriscada i transgressora. El seu caràcter polèmic es veu atenuat pel rigor dels seus arguments que, tot i que de vegades reflecteixen un estil massa reiteratiu, es recolzen eficaçment en reflexions d'autors de diverses tradicions i sensibilitats (referències al pensament grec, al cristianisme, a l'idealisme alemany, a l'escola marxista, a la psicoanàlisi o a la sociologia contemporània abunden en el text). No és freqüent trobar pensadors que des d'un materialisme filosòfic uneixin posicions ètiques conservadores amb idees revolucionàries en els àmbits polític i econòmic o, més sorprenent encara, que fonamentin les segones sobre les primeres. Aquí, creiem, rau l'originalitat de la seva obra. Les idees de Fusaro resultaran estimulants i provocadores per al lector que decideixi acostar-se a l'obra amb la voluntat de reflexionar sobre la naturalesa de l'amor, fenomen que a tots ens concerneix, i sobre les seves diverses transformacions en la contemporaneïtat neocapitalista.

Francisco Jesús CAÑETE CANTÓN
Facultat de Filosofia La Salle –
Universitat Ramon Llull

LLIBRES REBUTS

Joan Roura-Parella, *Pensament i pedagogia.*
Girona: Càtedra Ferrater Mora de Pensament Contemporani, Documenta Universitaria, 2023, 230 pàg.

Aquest volum, editat per Oriol Ponsatí-Murlà i Joan Vergés Gifra, recull un seguit d'aportacions al voltant de la vida i la producció intel·lectual del pensador català Joan Roura-Parella (1897-1983). Els capítols es divideixen en cinc blocs: la figura i l'obra del protagonista, la seva aportació pedagògica des d'una perspectiva històrica, l'experiència de l'exili, el seu interès pedagògic, social i ètic per la pau i la concepció estètica i vital d'alguns aspectes concrets de la seva recerca. En resum, el llibre reivindica la vida i l'obra de Roura-Parella en el panorama de la història intel·lectual catalana.

Delia Manzanero, *Laberintos de Europa. Mito, tragedia y realidad cultural.*
Madrid: Tecnos, 2023, 232 pàg.

L'autora ha rebut el Premi Innovactora Winn 2023 per aquest llibre que, posat sota la invocació del mite del laberint de Creta, indaga el fil de faules antigues per conformar una Europa vigorosa i compromesa que faci real els seus ideals. Hi intenta donar veu a figures reduïdes al silenci i invisibilitzades que formen part essencial del sacrifici ritual del mite, del qual brollen noves històries: emigrants, viatges, desplaçats, inadaptats o figures femenines de les quals els mites no ens han transmès cap paraula llevat del crit sorprès o el plor esquinçador.

Hannah Arendt, *La condició humana.*
Barcelona: Edicions 62, 2023, 448 pàg.

Aquesta nova edició en català del llibre més important de la filòsofa alemanya Hannah Arendt, ara amb pròleg d'Imma Monsó, constitueix una altra oportunitat d'aprofundir en la seva reflexió sobre la dimensió activa dels éssers humans mitjançant llur capacitat d'intervenir en el món. Continua vigent la lúcida tasca de desmuntar tòpics interrogant-se sobre els efectes de la cultura de masses, l'explotació de l'home, la dissolució de l'esfera pública i la privada, la societat de consum i les alienacions de la modernitat.

Barbara Cassin, *La nostàlgia.*
Barcelona: Edicions 62, 2023, 144 pàg.

La nostàlgia és un sentiment característic del món modern. Aquest volum ens proposa apropar-nos-hi en un triple reconegut en companyia d'Ulisses, d'Enees i de Hannah

Arendt. Barbara Cassin hi analitza les concomitàncies entre pàtria, exili i idioma. Així indaga la possibilitat de convertir aquest vincle entre la nostàlgia i el patriotisme en una aventura que doni lloc a un pensament ampli i acollidor.

Mark Coeckelbergh, *La filosofía política de la Inteligencia Artificial. Una introducción.*
Madrid: Cátedra, 2023, 224 pàg.

Problemes com el racisme, el canvi climàtic o la qualitat de la democràcia adquireixen una urgència més gran i una rellevància renovada a la llum del creixent desenvolupament de les tecnologies i aplicacions relatives a la intel·ligència artificial. El llibre de Coeckelbergh introdueix de manera accessible els desafiaments que la implantació de les IA planteja a les nostres societats i indústries, des de la discriminació judicial a les implicacions per a la democràcia d'una vigilància ubiqua i permanent.

Byung-Chul Han, *La crisis de la narración.*
Barcelona: Herder, 2023, 112 pàg.

En aquest llibre, el famós filòsof alemany contraposa la narració a la informació. Avui, quan tot s'ha convertit en atzarós i arbitrari, el *storytelling* ha esdevingut una arma comercial que transforma la narració en una eina més del capitalisme, propagant-se al bell mig de la desorientació i la manca de sentit característics de la societat de la informació. Davant d'aquesta situació, l'autor reivindica la narració com la manera exclusiva de lligar-nos a una història comuna d'experiències transmissibles que fan significatiu el pas del temps, aportant un poder transformador a la societat.

Erik Varden, *Castidad. La reconciliación de los sentidos.*
Madrid: Ediciones Encuentro, 2023, 172 pàg.

Aquest llibre intenta donar una resposta positiva a la possibilitat de la castedat en una societat que no hi creu i en una Església assotada per múltiples escàndols sexuals. El bisbe de Trondheim i monjo trapenc Erik Varden vol oferir una visió veritablement cristiana de la castedat que abraça l'ésser humà en la seva integritat, comprenent el seu anhel de llibertat i fecunditat. Sovint la persona intueix que el nostre cos apunta cap a quelcom que el transcendeix. Tota satisfacció del desig és provisional. La pregunta gira al voltant de com assolir la plenitud.

COMPRENDRE
revista catalana de filosofia
Vol. 25/2 Any 2023

Articles / Articles

Ressenyes / Reviews

NORMES DE PUBLICACIÓ

· *Comprendre* és una revista de caràcter científic i de recerca que es publica dues vegades a l'any i que està oberta a treballs que tractin els àmbits clàssics de la filosofia: metafísica, epistemologia, lògica, ètica, filosofia de la ciència i de la natura, antropologia, història de la filosofia, filosofia de la religió, estètica, etc. Està dirigida a un públic universitari interessat pel debat filosòfic i humanístic actual.
· *Comprendre* accepta tres tipus de treballs: articles, notes crítiques i recensions. Els articles i les notes crítiques han de ser originals i inèdits i han d'estar escrits en català o en les principals llengües europees. Només s'admetran recensions en català.
· Cal enviar a l'adreça electrònica de la revista (comprendre@salle.url.edu) un fitxer preferentment en format Word. Els articles no sobrepassaran les 9.000 paraules (notes i bibliografia incloses), mentre que l'extensió màxima de las notes i de les recensions serà de 6.000 i 2.500 paraules, respectivament.

Tipus de lletra: *Times New Roman, cos 12, interlineat 1,5.*
· Cal incloure-hi en la llengua del treball i en anglès un títol i un resum (*abstract*) (120 paraules màxim), destacant-hi, a més, cinc paraules clau també en ambdós idiomes.
· Les anotacions a peu de pàgina es numeraran correlativament. Les referències bibliogràfiques es poden presentar també al final del text, sempre per ordre alfabètic d'autors.

Cal seguir les següents normes d'estil en totes les citacions, així com en la bibliografia final. L'autor/a es compromet a lliurar el seu manuscrit respectant aquests criteris:
Tipus de lletra: *Times New Roman, cos 10, interlineat senzill.*
a) per als llibres:
Nom complet de l'autor/a COGNOMS (en versaleta). *Títol* (en cursiva). Lloc d'edició: Editorial, any.
Exemple:
Hanna ARENDT, *La condició humana.* Trad. d'Oriol Farrès. Barcelona: Empúries, 2009.
b) per als articles de revista:
Nom complet de l'autor/a COGNOMS (en versaleta), «Títol de l'article». *Nom de la publicació periòdica* (en cursiva) [Lloc d'edició], 000 (número), 0000 (any), pp. 00-00.
Exemple:
Carles LLINÁS, «Gerhard Krüger: Einsicht und Leidenschaft (Intel·ligència i passió). Una entrada "platònica" en el pensament del segle XX». *Comprendre. Revista catalana de filosofia* [Barcelona], IX/1-2, 2007, pp. 159-189.

· Cal afegir al final de l'article les referències bibliogràfiques utilitzades.
· Les dades personals i acadèmiques de l'autor s'han de presentar en un fitxer a part. Han de constar-hi nom i cognoms, la institució acadèmica a la qual està vinculat, el número ORCID i una adreça electrònica vigent.
· *Comprendre* segueix els criteris de conducta ètica per a la publicació dels articles i les notes crítiques. Per això requereix que els/les autors/autores adjuntin un compromís signat de compliment de bones pràctiques juntament amb els seus manuscrits. N'està disponible un model a la web de la revista.
· Els originals rebuts, siguin articles siguin notes, se sotmetran anònimament a l'informe de dos especialistes externs designats pel Consell de Redacció, el qual es reserva el dret de publicació. Es comunicarà raonadament als autors l'acceptació o el rebuig del seus treballs en el termini màxim de sis mesos.
- *Instruccions als avaluadors*: s'avaluaran l'originalitat, el rigor acadèmic i la metodologia, la bibliografia i l'estil de l'article, abans de procedir a recomanar-ne o no la publicació o a sol·licitar-ne modificacions.

GUIDELINE FOR CONTRIBUTORS

· *Comprendre* is a scientific review which publishes two issues a year. It is opened to contributions on the classic fields of philosophy: metaphysics, epistemology, logical, ethics, philosophy of science, anthropology, history of philosophy, philosophy of religions, aesthetics, etc. It is addressed to an academic audience interested in the current philosophical and humanistic debates.
· *Comprendre* accepts three types of contributions: articles, critical notes and short reviews. Only original manuscripts not published previously and written in Catalan or in the main European languages (English, Spanish, French, German, Portuguese and Italian) will be considered for publication. Book reviews will be written only in Catalan.
· Contributions will be submitted electronically (comprendre@salle.url.edu) in a Word format file. Articles should not exceed 9000 words (including notes and bibliography). Critical notes should not exceed 6000 words. Short reviews should not exceed 2500 words.

Type of letter: *Times New Roman,* body *12,* space *1,5.*
· The title, an abstract (120 words max.), and five key words in both the original language and English must be added at the beginning of the contributions.
· Citations in footnotes will be numbered continuously. Bibliographical references can be placed in a final Work Citations section, always in alphabetical order by authors.

The next guidelines are mandatory to be followed in all the citations, as well in the final Work Citations section:
Type of letter: *Times New Roman,* body *10,* space *1.*
a) For Books:
Full Author's name SURNAME (small capital), *Títle* (italics). Place of edition: Publisher, year
Example:
Simone WEIL, *Waiting for God. Translated* by G. Craufurd. New York: Harper Perennial, 2009.
b) For Articles:
Full Author's name SURNAME (small capital), «Títle of the article». *Name of the periodical pubblication* (italics) [Place of edition], 000 (number), 0000 (year), pp. 00-00.
Example:
Carles LLINÁS, «Gerhard Krüger: Einsicht und Leidenschaft (Intel·ligència i passió). Una entrada "platònica" en el pensament del segle XX». *Comprendre. Revista catalana de filosofia* [Barcelona], IX/1-2, 2007, pp. 159-189.

· The bibliographic references used should be added at the end of the article.
· Personal and Academic affiliation should be included in a cover sheet, containing an operative electronic address as well as number ORCID.
· *Comprendre* follows the Code of Conduct for Publication Ethics in the case of articles and critical reviews. Authors are required to attach a contributor's form with the manuscript. A model is avalaible in its web.
· Contributions will be submitted to an external blind review process. The right of publication is reserved to the Editorial Board. The author will receive a response in six months. The acceptance or the refusal will be reasoned.
· *Guidelines for evaluators:* before being recommended to be published or not, or even to be modified, the articles will be evaluated according to the following items: originality, academic rigueur and methodology, bibliography and correct style.

Interpretación del ser humano

Un ensayo de antropología filosófica

Mauricio Beuchot

168 páginas
12,2 x 19,8 cm
ISBN: 978-84-254-4348-0
Precio c/ IVA: 14,90 €

Este libro aborda la antropología filosófica, disciplina que investiga y medita sobre el ser humano. Éste es visto bajo el prisma de la intencionalidad, como núcleo de intencionalidades diversas: cognoscitiva, volitiva, emocional e, incluso, ontológica, es decir, como impulso de existir.

Mauricio Beuchot propone un análisis desde la *hermenéutica analógica*, ya que el ser humano es un análogo o ícono del universo, es decir, un microcosmos. Tiene fraternidad con el cosmos entero y por eso está llamado a cuidar de él. Posee, entonces, un lado natural, pero también un lado cultural, y hay que atender a estos dos polos que lo constituyen. Una antropología filosófica unívoca privilegia la cara natural, y una equívoca, la cultural. En esta obra, la postura analógica se coloca en el cruce en el que se encuentran y se tocan esas dos dimensiones. De esta manera, Beuchot alega que el ser humano tiene un aspecto simbólico que parece superar el biológico, ya que, así como necesita su parte orgánica para vivir, requiere del sentido para poder existir plenamente.